新媒体环境下传统文化转化与创新
文创产品设计研究

李　季　著

吉林出版集团股份有限公司 | 全国百佳图书出版单位

图书在版编目（CIP）数据

新媒体环境下传统文化转化与创新 : 文创产品设计
研究 / 李季著 . -- 长春 : 吉林出版集团股份有限公司，
2023.1
ISBN 978-7-5731-2880-5

Ⅰ . ①新… Ⅱ . ①李… Ⅲ . ①文化产品 – 产品设计 –
研究 Ⅳ . ① G114

中国国家版本馆 CIP 数据核字 (2023) 第 035045 号

新媒体环境下传统文化转化与创新 : 文创产品设计研究
XINMEITI HUANJING XIA CHUANTONG WENHUA ZHUANHUA YU CHUANGXIN:
WENCHUANG CHANPIN SHEJI YANJIU

著　　者　李　季
出 版 人　吴　强
责任编辑　孙　璐
装帧设计　刊　易
开　　本　710 mm × 1000 mm　1/16
印　　张　5.75
字　　数　100 千字
版　　次　2023 年 1 月第 1 版
印　　次　2023 年 8 月第 1 次印刷

出　　版　吉林出版集团股份有限公司
发　　行　吉林音像出版社有限责任公司
　　　　　（吉林省长春市南关区福祉大路 5788 号）

电　　话　0431-81629679
印　　刷　吉林省信诚印刷有限公司

ISBN 978-7-5731-2880-5　　定　　价　58.00 元

如发现印装质量问题，影响阅读，请与出版社联系调换。

前　言

　　传统文化是历史上形成的、具有稳定的组织结构和思想要素的、至今仍然影响着人们的特定的思维方式、价值观念、审美情趣、道德风尚等深层次的社会心理与行为习惯。从价值指向上看，那些自古及今为中华民族所广泛认同的，能够激励人心，在民族精神发展过程中起积极作用的思想理念、道德规范、风俗习惯等，就属于中华优秀传统文化。

　　文化创意产品是现代社会全球化的标志性产品，也是知识经济的核心内容。文化创意产品不仅能够对一个国家的经济、政治产生影响，它还是一个民族，乃至一个国家文化意蕴的体现。在当前社会，文化创意产品已经出现了国际性企业和跨国生产，已然成为全球经济增长的重要部分。

　　伴随着时代的进步、科技的发展，当今世界已经迈入新媒体时代。在如今以数字信息为主体传播媒介的信息化世界中，人们获取信息的方式已经发生了翻天覆地的变化。信息的载体不再只是纸媒与电视，现在信息的传播更是依托于网络传播等方式。也正是由于现在的新媒体背景，文化创意产品以及文化创意产业迎来新的生机。在信息传播速度飞快的时代，文化与文化之间、创意与创意之间产生了更多的碰撞，也进行了更深入的交流，这意味着文化创意产品的发展进入了崭新的阶段。

　　随着社会的发展，人们已经进入工业社会的后期，工业化发展已经十分成熟，使得如今的产品生产基本上是批量的机器制造。工业化的产品制造方式在为人们带来高效率与便利的同时，也让人们失去了手工制作器物的乐趣与情怀。如今，人们的物质生活已经得到极大的满足，开始追求自己动手制作器物，纯手工制作成为许多行业追求的热点。此外，手工器物制作需要对传统文化进行转化与创新，这样动手制作出来的器物才能使自己的内心得到极大的满足，因此，现在越来越多的消费者选择对传统文化进行创新，并自己动手制作产品，这也是含有自己动手制作元素的文化创意产品越来越受到欢迎的原因。企业在文化创意产品之中不仅可以加入让消费者亲自动手的元素，而且可以加入一些增加难度和乐趣的新媒体元素，让文化创意产品带入新媒体形式与玩法，极大地提升文化创意产品的体验感。

本书由李季撰写。由于时间比较仓促，加之作者水平有限，难免有不足之处，敬请读者谅解。

目　录

第一章　新媒体环境下传统文化转化与创新的基本概述

第一节　传统文化转化与创新的内涵

创造性转化要按照时代特点和要求，对那些至今仍有借鉴价值的内涵和陈旧的表现形式加以改造，赋予其新的时代内涵和现代表达形式，激活其生命力。创新性发展，就是要对中华优秀传统文化的内涵加以补充、拓展、完善，增强其影响力和感召力。传统文化转化与创新，既紧密联系，又各有区别。其联系在于，两者都以"两有""两相"为前提，对中华优秀传统文化进行转化和发展；其区别在于，两者在侧重点、对象、途径、目标上有所不同。从侧重点上看，前者是立足于中华优秀传统文化本身进行改造和转化；后者则是以中华优秀传统文化为依托进行创新和发展。从对象上看，前者是至今仍有借鉴价值的内涵和陈旧的表现形式，包括内涵与形式两个方面；而后者则只讲中华优秀传统文化的内涵。从实践途径上看，前者强调要赋予其新的时代内涵和现代表达形式；后者则强调要对传统文化内涵加以补充、拓展、完善。从目标上看，前者是为了激活中华优秀传统文化的生命力；后者则是为了进一步增强中华优秀传统文化的影响力和感召力。这些联系和区别，决定了转化与创新的关系是前后相继、相辅相成的。只有通过改造和转化，才能实现创新和发展；只有把传统文化中对今天仍有借鉴价值的内涵和陈旧的表达形式进行改造和转化，赋予其新的时代内涵和现代表达形式，才能推动整个中华优秀传统文化内涵的创新和发展；只有激活中华优秀传统文化的生命力，才能进一步增强其影响力和号召力。概而言之，创造性转化是创新性发展的前奏，创新性发展是创造性转化的升华。

对于如何充分理解转化与创新的关系，国内有关学者做过一些补充阐释。在创造性转化的问题上，不必笼统地强调形式的弃旧图新，因为在文化传承中很多都是"旧瓶装新酒"，一些旧的形式是可以传承的，也可以赋予其新的意义内涵、新的理解；对于创新性发展，则不仅是对中华优秀传统文化内涵的补充、拓展、完善，而且应包括形式的创新。创新性发展中很重要的一点是创新普及传播传统文化的形式。因此，我们要辩证地理解传统文化内涵与形式的改造与创新问题。

第二节 传统文化转化与创新的必要性

一、文化虚无主义与文化复古主义的现实需要

近代以来，在如何看待中华优秀传统文化的地位作用、如何阐释其核心内容以及如何传承弘扬等问题上存在一些思想认识上的不统一，比较突出的是文化虚无主义和文化复古主义这两种思潮。近年来，伴随市场经济、商品社会的发展，还出现了文化功利主义、形式主义的倾向。

对待中华传统文化，正确的态度应该是以辩证唯物主义和历史唯物主义为指导，辩证取舍、推陈出新，摒弃消极因素，继承积极思想，实现中华文化的创造性转化和创新性发展。

二、发展中国特色社会主义文化的需要

中国特色社会主义文化源出中华文化一脉，以中华优秀传统文化为"根"和"魂"，是在中华传统文化的土壤中产生和发展的。发展中国特色社会主义文化，需要在继承中华优秀传统文化的过程中，根据时代条件的变化和发展，根据解决现实问题的需要，对传统文化中的一些内容和形式进行创造性转化和创新性发展。这就要求人们在学习、研究、应用传统文化时坚持古为今用、推陈出新，结合新的实践和时代要求进行正确取舍。

第三节 传统文化转化与创新的可能性

中华优秀传统文化需要与时俱进地进行创造性转化与创新性发展，这是毋庸置疑的，问题的关键是我们能否进行转化与创新？回答当然是肯定的。

我们今天之所以能对中华优秀传统文化进行创造性转化与创新性发展，关键还是因为中华优秀传统文化为当今社会提供了多方面有益的启示。例如，天下兴亡、匹夫有责的担当意识，精忠报国、振兴中华的爱国情怀，崇德向善、见贤思齐的社会风尚，孝悌忠信、礼义廉耻的荣辱观念，体现着评判是非曲直的价值标准，潜移默化地影响着中国人的行为方式。又如，求同存异、和而不同的处世方法，文以载道、以文化人的教化思想，形神兼备、情景交融的美学追求，俭约自守、中和泰和的生活理念等，是中国人民思想观念、风俗习惯、生活方式、情感样式的集中表达，滋养了独特丰富的文学艺术、科学技术、人文学术，至今仍然具有深刻影响。这些都对中华优秀传统文化可以"古为今用"做了集中的阐发。

第四节 传统文化转化与创新的基本原则

实施转化与创新的基本原则，就是对待传统文化要秉持客观、科学、礼敬的态度，取其精华、去其糟粕，扬弃继承、转化创新。为此，实施转化与创新，要特别注意做到以下四点。

其一，有区别地对待、有扬弃地继承。中华传统文化中既有"精华"也有"糟粕"，这是毫无疑问的。因此，我们要对传统文化进行科学分析，对有益的东西、好的东西予以继承和发扬，对负面的、不好的东西加以抵御和克服，取其精华、去其糟粕。

其二，与当代文化相适应、与现代社会相协调。中华优秀传统文化的生命力归根到底取决于能否适应新的时代要求，能否与社会主义市场经济、民主政治、先进文化、社会治理相协调。优秀传统文化是在农耕社会的土壤、中华环境和生活条件下生成、发展起来的，在几千年的兴衰变迁中形成了自身的基本内涵、独特风格与表现形式。如今中国已进入工业社会、信息社会，随着社会基础的变化，过去适宜的文化观念到了今天可能并不适宜或者只是部分适宜，因此，我们在继承弘扬传统文化时，就必须结合新的社会实践和时代要求进行正确取舍，努力实现传统文化的创造性转化、创新性发展，使之与现实文化相融相通，共同服务于以文化人的时代任务。

其三，坚持古为今用，推陈出新。对待中华优秀传统文化，要坚持古为今用、推陈出新，既不要片面地讲厚古薄今，又不要片面地讲厚今薄古。比如，关于以民为本、以政裕民的思想，就需要转化为"以人民为中心"的思想；诚信守诺、敬事而信，也可以转化为现代的守法意识、契约精神，使之成为目前我们打造诚信政府、建构和谐社会的基石等，从而使这些有价值的思想能在新的时代条件下发挥积极作用。

其四，吸收外来，洋为中用。实施转化与创新还需要处理好中华优秀传统文化与外来文化尤其是西方文化的关系。一个自信的民族，应该勇敢地面对和尊重文化的差异性和多元性。我们应该有大国的胸怀，用开放的心态去面对一切。

第二章　新媒体环境下对传统文化转化的阐释

第一节　国家价值观转化的阐释

从国家层面出发，对价值观内容进行总结归纳，可以称之为国家价值观。人们在分析国家价值观的过程中，要从国家意识形态入手，进而实施深入分析。意识形态核心部分在于国家权力判断，要求正确分析权力应用的合法性。就纯社会学角度进行分析，国家基本要素包括制度、人口以及土地。若是从文化角度入手，在其中嵌入某些价值判断，则基本要素又能够进行科学转换，最终转化为制度以及民众等。基于此，从意识形态层面对国家话语进行设计建构，需要紧紧围绕制度以及民众等因素。具体来说，制度因素包括权力来源与合法性等，还包括政治经济制度以及权力运行规则等；从民众因素上进行分析，一般包含民众地位以及民众在生产过程中的相互关系等。

关于"权力"话语分析，相关管理人员必须要坚持为人民服务的叙事逻辑，并保证其他价值话语都紧紧围绕其展开，并进行科学构建。

第二节　社会资源形态转化的阐释

当代主体与社会赋予了传统文化多种多样的功能，传统文化资源转化也因此呈现出丰富的形态。从总体上看，随着传统文化资源的持续开发与转化，除了产业经济发展、国家软实力提升等基本目标得到实现之外，传统文化所具有的精神内蕴、品格与审美特色也日益显现出巨大的价值与转化空间。从近年来我国传统文化资源的转化来看，越来越多的受众逐渐意识到传统文化作用于主体精神层面、审美实践层面的价值，国家及各级政府部门、各类生产主体也开始认真思考如何深入开掘传统文化资源，并探索资源可持续性转化的科学机制。例如，民族文脉的传承与地域文化特色的彰显受到重视，传统文化在唤起历史文化记忆、建构文化身份、促进文化认同等方面的功能更加强化，传统文化在推进产品品牌化策略中的作用也愈加凸显。当然，这一过程必然要求对传统文化的优秀基因、精神品格做出系统、深入、与时俱进的理解与阐发，对传统与现代、传承与创新、民族性与世界性之间的关系做出正确的把握。

新的生态环境、新的功能赋予了传统文化新的生存空间与生命力，但是也对传统文化的自律性发展甚至本体特质造成了不小的冲击，迫使其不断调整自身，作为生产和创造者，倘若不能够把握好上述关系，则可能消解传统文化中的优秀文化基因，其宝贵的精神品格可能会丧失，这就会阻碍传统文化资源的可持续转化。对传统文化内容或形式的选取、改造和创新，的确需要符合特定时代背景的价值诉求，但是我们不能忽视传统文化中的优秀基因与精神品格，是对中国民众与外部世界之间的基本关系，主体的认知习惯、经验结构，以及审美趣味等的客观反映与合理表达，它们在历朝历代的传承与创新过程中久经考验、不断完善，凝聚着主体的生存智慧与生命精神，集中显现了人类生存与社会发展的基本需求，在当代社会生活中仍具有重要的价值。唯有对这些优秀基因与精神品格进行深入、系统的理解与阐发，才可能对传统文化的当代演进和发展规律、价值、形态等形成科学、客观的认知，才可能为探索传统文化资源转化的合理路径奠定良好的基础。例如，传统文化彰显出的"和谐"之美，就是对人类实践的普遍经验与根本规律的反映，自古至今被视为人类赋予审美对象重要的共同属性之一。

审美实践活动作为人类对自身本质力量的自由显现，必然以人—自然—社会之间的和谐为条件，以充分实现主体的生命存在为目的，而我国传统文化生产中的天人合一等理念，心源与造化、造象与观象等范畴，皆体现出对和谐精神、辩证统一规律的遵循。从人类艺术实践的发展历程来看，近现代艺术尽管显现出各对矛盾范畴之间分裂对立的状态，但是其内部也不断生成向更高层次和谐状态回归的态势。从当代文艺生产来看，这种发展趋向十分明显。例如，在经历集体观念向个体价值和独立人格的转变之后，文艺生产趋向于对个体社会价值的合理实现，趋向于在历史与当下、精神世界与感官经验、心理结构与媒介技术等之间寻求平衡。因此，在笔者看来，传统文化资源转化的丰富形态不仅体现在人类实践的各个领域或者各类转化事项、转化成果上，而且体现在传统文化的精神品格、审美特征在当代人类社会和文明发展过程中的传承与演进上，体现在当代文化艺术生产在和谐审美精神的重构上。

从20世纪80年代到现今的社会文化变迁对传统文化资源转化带来的影响来看，启蒙性的、理想化的、超越性的精英文化向世俗化的大众文化、娱乐化的消费文化及多元化的后现代文化的转变以及回流，造成了当代传统文化资源转化的基本形态，其特征显现为从强调历史深度、追求精神自由与理想主义、注重精深的艺术造诣等，转向了在理想与现实、感性与理性、感官与精神之间徘徊和寻求平衡。一方面，一些创作者仍然守持着精英式的、个性化的表达方式；另一方面，他们也无法抽身于商业化、市场化、大众化的整体文化语境之外，不得不做出相应的调整。20世纪90年代中期以后，我国开始真正进入娱乐化、消费化和视觉文化时代，但是大众文化的日趋成熟、大众表达主体生命价值的热切愿望及其在审美实践上的自觉，也为重构和谐之美提供了有利条件。

21世纪以来，文艺的功能更为多样化，文艺创作的草根性越来越突出，这也为传统文化资源转化注入了新的生命活力。总体上看，当下传统文化资源的转化形态正体现了这样的时代审美精神：注重对文艺社会功能的全面实现；注重表达现实生活中的真善美，力图挖掘日常生活的丰富内涵，以情动人、求真求善。

与此同时，传统文化资源转化也依然注重对主流意识形态的传播，但是这种传播更具柔性，更注重历史与想象、空间与政治、个体与集体、民族与国家之间的种种缝合策略，注重话语功能与话语效果的优化。传统文化在转化中积累了不少成果经验，注重对当下大众生活世界和精神世界的价值挖掘，同时注重娱乐性及与观众的互动和对话，将社会主旋律、核心价值观巧妙地融于文本及话语之中。从形式来看，这些节目在彰显高雅的审美品位的同时，也注重观赏性，在传统文化的精神品格、审美特征以及时代审美文化之间达到了和谐状态。

在新媒介与数字技术语境下，传统文化资源转化的形态也不断推陈出新。新兴科技与媒介改变了传统文化的传播方式，大大提升了其传播效率，丰富了艺术呈现效果，也促使艺术思维和欣赏方式发生了巨大变化，如意境、韵味等得以转化为可感的形象与情境，而艺术门类之间的壁垒也一再被打破。除了影像化、情境化、虚拟性之外，交互性、沉浸式等文化新形态也在改变着传统文艺的语言体系和创造方法，大量网络文本也对原著进行了碎片式的重构。

从总体上看，传统文化转化为传统文艺提供了空间想象的新途径，以虚实共生赋予了文化经典新的内涵与形态，以丰富、逼真的数字虚拟空间，光感及色彩层次的呈现，打造出奇特、迷人、强烈的视觉与空间效果，极大地丰富了主体对于传统文艺的感官经验与审美感受，丰富了传统文艺的审美形态，增强了传统文艺的表现力与文本张力，拓展了传统文艺的意义世界与接受空间，有助于传统文艺的活态生存及其社会功能的实现，也促使传统文艺在空间与时间、感性与理性思维之间形成新的平衡状态。

中国传统艺术的空间意识和感受从根本上说，是基于对精神性的依附。国内有关学者指出，"空"与"灵"是中国传统艺术的重要特征，即在纯净、虚静、空荡的气氛中时时透出生命灵气，实现灵气、生气的自由往来。在笔者看来，数字时空下的"空"与"灵"，更依赖于动态感官体验和静态沉浸的结合，更强调易于被主体感知和捕捉的时空体验。这种体验并非以精神世界引导或超越现实世界，而是唤起主体的现实经验与身体感受，在主体的感官世界与精神世界之间、理想世界与现实世界之间架起新的桥梁。

社会资源形态转化在空间创造上凸显出综合性、整体性等特征，其可以将理想与现实进行任意组接和创造，尤其擅长表现梦境、意识流等，能够借助多样性的空间结构、丰富的空间层次、连续性的动态体验及视点的灵活变换，令主体体验到空间的无穷变化。因此，相较于古典艺术形态，数字虚像能够更好地展现时间的流动性，更好地实现"游""观"，实现"移远就近，由近知远的空间意识"，亦能让主体心灵在混冥、朦胧的氛围中，通过"玄览""神思""妙悟"等独特的中国审美方式来体悟道冥之境。事实上，不少数字艺术作品正是借鉴了传统山水画的布局与节奏，通过多样化的路径设置建构关注点之间的联系，实现空间的联络贯通及达到富于戏剧化效果的境界。

从总体上看，传统文化资源的当代转化，不仅力图实现传统文艺在社会中的生存与发展，而且蕴含着当代人文关怀，激活着主体对存在的体验，建构着主体的时空经验，其形态也在理性与感性、再现与表现、时间与空间等方面进入到更高级的和谐阶段，充分体现了人性完整和智性显现等人类发展诉求。从历史主义到人本主义，再到更高层次的辩证和谐，传统文化资源转化正是通过积极地赋予人们以生存经验、赋予生活世界以意义，将世界建构成为新的文本，不仅实现了其自身的活态生存与创新，而且促进了人的自觉与文化的自觉。从当下文化艺术生产与创新趋势来看，社会文化、技术与媒介的变革虽然促使主体、文艺与现实世界之间形成了新的关联，但是大众文化消费逐渐趋于理性，普遍注重作品的思想内容与艺术品质，注重对传统的传承及对传统文艺资源的合理开发。

第三章　新媒体环境下传统文化创新的
内容与路径

第一节 新媒体环境下传统文化创新的具体内容

一、精神品格创新

文化艺术的精神品格，是人的本质力量在特定社会环境与社会实践中的自由、集中显现。我国古代文艺精神品格的形成正是这一客观规律的体现。我国古代哲学、美学、艺术理论或造物文化、视觉文化，既显现出主体与客体、时间与空间、感性与理性、理想与现实等诸对矛盾范畴不断调适、整合优化的过程，也在主体意识及经验系统建构中体现出特定的信念引导与价值追求。

尽管在不同历史阶段，我国古代文艺精神总是在主体与客体之间有所偏向，这也决定了时空意识、艺术方法和语言体系上的时代差异性，但是总体上其始终以造化与心源、感性与理性之间的和谐为理想，并且在信念与价值、行为规范等层面贯穿着"善和"精神。从中国古典美学、文艺理论的近现代发展来看，虽然"内向反思，直观外推"的思维方式占据了主导地位，文艺创作强调主体的生命体悟与情感体验，主流审美观念崇尚表现，但是写实传统并未消失，而是在宫廷绘画、民间艺术与工艺等形态中得以承继和演进。依据中国传统艺术理论的主流观点，艺术的本体是审美意象，艺术作品呈现的是一个融合我与对象、时间与空间、理想与现实的意象世界，并在由创作者与欣赏者构成的主体间性意义生产中，建构出开放、流动的审美空间。

从中国古代艺术理论来看，批评理论多依据以"道"为核心的哲学、美学体系来观照形态各异的具体艺术现象和艺术特征，注重对"神""韵""意境"等艺术范畴的阐释，却较为忽视对审美体验和艺术创造过程的解析，亦缺乏

"视觉经验"这类命题的土壤。但是从实践来看，中国艺术中的"兴象""喻象"，以及"观""感""应"都未曾脱离视觉图像表达，也离不开人们对生活现实的关注与丰富的感官体验。从中国艺术思维的总体特征来看，形式意象与实体形象之间并非是对立或相互排斥的关系，而是融于一体的。与物象之源的摩擦、体验与感悟，原本就是中国长期以来形成的审美实践模式，也是中国艺术精神中不可缺少的一部分。不仅绘画中的"游观"、皴法等体现了这样的审美模式，而且篆刻、雕塑、书法等艺术中也不乏此类现象。以书画中的"金石气"为例，其艺术形式语言呈现出的各种金石器物文字之美，便融合了古代青铜铭文、砖瓦石刻文字本身的意象、结构、线条之美及金石材料本身具有的特定质感，加上铸刻技术和制作工艺的作用，再辅以自然风化、剥蚀及拓工打墨等多方面的因素，最终形成了一种综合性的美感与趣味。可以说，中国古代艺术中处处存在着不脱离实体形象的形式意象，而力与势、构图与章法、线条组织的节奏韵律和装饰性、彰显情感韵致的色彩等，也都显现出人类基本的智性结构与视觉心理需求。当然，意象的审美体验和经验的形成，并不能脱离社会文化的制约，亦体现出主体特定的时空意识、价值诉求。

中国艺术与主体生命体验之间有着千丝万缕的关联，以"书卷气"与"逸气"来看，这种审美观念显然与超然于世外的、沉淀于内心的禅道式人生态度相契合，同时与宋元文人的人格气质、艺术追求相符，也与当时的社会历史情境，以及生存于江南的主体空间经验、审美观念密切相关。同样，以峻厚、雄强为审美基调的"金石气"，不仅可以视为救亡图存、复兴民族文化的社会思潮下的产物，而且让我们看到其中显现出的积极入世的人生态度，以及在近代人文主义思潮影响下，艺术家对独立自由的人格力量的追求和对生命精神的溯源。相比较而言，"书卷气""逸气"在性质上偏向于"神"，在审美特质上趋于清雅、淡泊，在含蓄隽永之中蕴含着一种阴柔之气；"金石气"则相对偏向于"形"，更注重感性体验，在审美特质上趋于粗犷、凝重、浑厚等，在质朴、活泼之中蕴含着一种阳刚之气。从这些各个有别的艺术形态来看，中国艺术精神不仅在整体上合乎"道"的信念，而且折射出主体丰富的生命经验与情感态度，并受制于特定的社会语境与价值诉求。

在中国文艺的发展历程中，一部分优秀的文化基因逐渐积淀与凝结起来，形成了中国文艺精神的宝贵品格。长期以来，中国传统文学艺术承载着重要的社会治理功能，文学家、艺术家大多对社会具有高度的责任精神。但是，"言志"并不是摒弃个体身心体验与感官愉悦，而是强调在心为志，发言为诗，情动于中而形于言，由此将社会集体意识与个体精神自由、理性思考和情感抒发融合起来，赋予文艺广阔的生存空间和丰富的思想内涵。纵观中国历代备受称赞的文艺作品，多反映出个人命运、情感和家国存亡、天下百姓之生存之间的融合，丰富、真挚的情感也始终被视为文艺创作的先决条件与基本要素，而非仅仅以主题思想、题材内容来对文艺作品做出评价。

有学者认为，中国现代艺术中的个体主义、超越主义观念与西方现代生命哲学颇有相同之处，并指出，中国艺术本体的这种现代性不是由传统美学自发演变而来，而是在西方思想和西方艺术的启发下、参与下，自觉地转换而来。这种转变既是对中国近代人文思潮的延续，也是对中国文艺精神优秀品格的承继与发扬，显现出中国文艺自身发展的历史逻辑。

在中国文艺精神面临巨大危机之时，人本主义精神借助商品经济、新型市民社会结构、价值观念、生产方式与生活方式等的形成，在近现代文艺生产中释放出生命力。事实上，这些外部因素既为文艺生产营造了新的生态环境，也为主体复归人性自由与身心和谐提供了有利条件。新的社会思想和生活实践以尊重现实、尊重实际经验为立足点，而主体的生命体验、意志无不趋向于对个性价值的发现和确认，"实事实功、经世致用"的社会主流文化，以及注重日常生活、感官愉悦的审美文化占据主导地位，让文艺与现实、人生结合得更为紧密，文艺更注重对人与社会关系的自觉探讨，注重艺术要素的审美心理特质，注重个性、风格，由此在主体与客体、感性与理性之间获得了达成平衡的可能，也让中国文艺精神获得了延续其生命的契机。

综上所述，中国文艺精神趋向于在表现与再现、理想与现实、感性与理性之间取得和谐状态，其中蕴含着美善合一、自由放达、反对异化等价值理念，体现了人与自然的平等和对生命精神的尊崇，折射出对和谐生活秩序的向往，彰显出在现实中诗意地生存、在超越中实现身心和谐与物我同一的智慧，而这些特质是对文艺发展、社会发展、人类文明发展客观规律的体现，也是无数主体实践经验的凝结。由这些特质构成的中国文艺精神品格，在今天仍具有强盛的生命力，这不仅是因为它们是宇宙精神的显现，是中国历史人文精神的积淀与凝聚，是中国人价值体系、行为模式、思维方式、伦理情趣、人格追求的集中体现，而且因为它们符合人类意识及智性不断发展的规律，实现了主体在现实与理想、时间与空间、感性与理性之间寻求平衡的价值诉求，因此能够为建构中国当代人文思想以及主体的精神世界、充盈主体的生命意义提供路径。

当然，从中国文艺精神品格的发展来看，特定社会语境下的文艺社会功能与文化生产方式显然是不可忽视的影响因素。它们制约着文艺创造的价值，促使文艺不断做出调适以拓展生存空间，由此推动文艺精神的演进。在传统文化资源当代转化的过程中，文化产品生产与大众消费、国家形象与软实力建构、核心价值观传播及主体日常生活审美化的实现等，都赋予了传统文艺新的价值功能，引起了传统文艺形式语言和方法上的创新，也为传统文艺精神注入了新的内涵。在这一过程中，传统文艺与当代社会生产、生活之间尽管出现了一些矛盾与断裂，不少研究者都曾探讨过技术、经济、媒介，以及社会结构变迁对传统文艺生存空间的挤压，并指出这些因素导致了传统文艺形态的异化与本体特质的消解，但是在笔者看来，中国文艺精神品格仍具有其无法替代的价值，能够为当代社会文化建设和主体建构作出巨大贡献。

一方面，产业经济的发展、消费文化与技术文化的勃兴，不仅为传统文艺承载多元社会功能提供了契机，促使其在题材内容、形式语言和创造方法上不断革新，而且让传统文艺更加全面地进入到当代主体的生活世界之中。在这一过程中，传统文艺不仅为产业生产提供了丰富资源，而且以其精神特质提升了我国文化产品的品质，成为塑造品牌内涵与文化特色的重要资源。与此同时，传统文艺精神品格对于当代社会精神文明及主体精神世界的意义日益凸显，逐渐成为丰盈主体生命精神、建构主体文化身份、塑造主体社会人格的重要资源，而这些资源的转化实践也形成了对传统文艺精神的反哺，为之提供了新的内涵与生命力。

另一方面，在全球化语境下，中国文艺精神也在多民族文化艺术融汇、中外文化艺术交融的过程中不断吸收养分，将世界文化艺术新思想、新成果合理纳入文化母体之中，并将其转化为当代中国文艺精神的有机成分。从全球文化的当代发展及人类文明的演进方向来看，传统文化的传承与创新也推动了世界文化艺术的繁荣。从现代主义思潮到技术媒介景观社会，中国文艺精神的优秀品格特质与合理价值观念，成为建构人类文明和文化共同体的要素，对全人类的生存、人类社会的发展都产生着巨大而深远的影响。因此，我国传统文化资源的转化，不仅要植根于本土现实，而且要面向世界和未来，在与外来文化艺术的交流和对话中释放自身的活力，与世界各国文化艺术一道开创人类文化艺术的新境界。

我们提倡传统文化的发展创新、传统文化资源的转化需要承继优秀文化基因，坚守中国文艺精神品格，但是这种继承和坚守不是建构空中楼阁、水中望月，而是要使这些精神和基因融入时代文化中去，在人类实践、社会发展的科学规律指导下，不断地对传统文艺精神进行合理的培育和建构，使之在当下发挥更多的效能。在笔者看来，传统文化资源的转化是一种创新过程，是在人类实践、社会发展进程中，不断发掘传统文艺精神的生命力，探寻其当代价值和转化路径，合理地建构起传统文艺与当代社会和人类生存之间的多维关联的过程。从全球化、产业化、社会生态化到世界文本化，从个体生存、民族文化认同到国家形象的跨文化交流，从机械复制、消费文化下的精神拯救到新媒体、互联网语境下的人类生存经验与艺术本体嬗变，其为传统文艺的生存与资源转化建构了新的生态环境与文化格局，也为中国文艺精神带来了新的变量。在这样的语境下，我们既要厘清中国文艺精神品格特质，挖掘其合理内涵，也要与时俱进地看待其价值体系的转化，观照其在当代社会中的发展与创新，在主体、文艺与外部世界构成的新系统、新关联之中，探索传承与创新之道。

二、符号意象生产与主体建构

传统文化艺术的社会功能或者文化艺术价值主要呈现为社会、政治、经济、文化等外部要素对于主体产生的意义，自然美及人自身的美也以此为内涵，呈现出主体对现实世界的审美感悟及对自身精神世界的建构。传统文化艺术的产生与发展离不开主体对世界及自身存在的感知和思考。例如，不少中国传统文化艺术资源本身就蕴含着生态主义价值，当代主体则更加注重对社会生态问题及生态危机根源进行探讨与反思，主体的生存体验和意义探寻也更为自觉，因此，生态文化艺术成为一种重要的当代文化艺术形态，生态主义观念也成为当代符号生产的重要内容和价值，传统文化艺术中的生态意蕴被发掘出来，而一些资源则被生产主体赋予了新的生态文化内涵。

当代社会文化生态极为复杂，主体与外部世界之间也形成了多维关联，符号承载的内涵及其意义也更加丰富，但总体上仍以人的生存为中心。无论传统文化艺术资源的转化还是社会效益或者经济效益的实现，都在极力为主体提供体验自身存在和认知现实的界面与途径。当下的文化生产和符号生产不仅注重对社会现实、国家发展等宏观层面的问题做出全面、深刻的审视，注重把握文化艺术传承与发展的脉络，而且注重对当代主体的生活世界进行细致的、多维度的观照，满足主体多方面的需求。正是在这样的语境下，符号生产更加注重契合主体的审美经验模式与文化认知模式，符号的话语功能、话语方式也与主体的日常生活和审美生存之间形成了更密切的关联。

传统文化艺术资源转化是一个典型的符号、文本创作、传播与接受的过程，资源转化的各个环节都与客观环境形成了"深层关系"，主体的审美实践、特定社会语境、文化生产方式、媒介技术等都使这一过程与社会肌体之间构成了诸多关联，符号和文本话语生产也必然受到这些外部因素的制约。因此，生产者和研究者不能仅仅关注符号和文本的内部结构和特征，将其视为静态的、一成不变的形态，而是需要关注符号和文本在各个实践环节中、在特定社会背景下实现其话语功能、促使受众产生审美体验的具体方式和多元路径。例如产品的生产、发行、消费等诸多"中间环节"，以及特定的生产环境与生产机制等，都需要充分考量。

符号和文本是实现主体审美生存的重要途径，也是当代社会精神文明和生态文明建设的重要途径，其中的规律同样值得深入分析。例如，在我国新型"人文城市"和新型城镇化建设中，传统文化艺术符号话语就成了社会精神文化治理的利器。就传统文化艺术对当代社会的审美治理而言，其主要通过塑造符号意象传播优秀的文化精神、价值观念，并采用大众喜闻乐见的艺术形式，促使主体在审美实践中形成对文化价值的认同。当代世界日趋显现为符号的世界和文本的世界。借助话语生产，符号和文本在作品（产品）、主体和世界之间建构起多维的关联，也构筑起人与自我、人与人、人与社会之间的关联，由此为传统文化艺术融入当代社会生活、建构当代主体提供了契机。

总体上看，我国传统文化艺术符号话语生产注重对意识形态和价值观念的传播，在话语功能上有着鲜明的特征，体现了社会意识形态、国家文化政策等对文化艺术生产、传播的制约，同时也呈现出资本、媒介、技术、消费文化及多元审美文化对其造成的影响，可以说，全面呈现了社会文化生态与文化艺术生产生态。

首先，传统文化艺术符号的话语生产可以视为在我国社会经济文化发展过程中不断生成和演化的文化实践形态。传统文化艺术符号话语不仅反映了个体、族群的现实生存生态，而且反映了民族与国家意识形态对个体、族群的影响，因此，研究者需要从更为广阔的生态视角和特定的社会语境来辨析话语中蕴含的意识形态及其表意方式。

特定时期的社会意识形态及其构成对传统文化艺术符号话语生产具有极为明显的制约作用，尤其是主流意识形态对特定时期的符号话语模式产生着重要影响。主流意识形态是由国家倡导及主导的传播工具和渠道负责传播和宣传的意识形态，其目的是为现存的社会制度服务，维护它的合法性。21世纪以来，国家在保持经济持续快速协调健康发展的同时，更注重加快政治文明、精神文明建设。在这一过程中，传统文化艺术也承担起传播社会主义核心价值观的重要使命，其符号形态往往被赋予道德伦理观念、人文关怀等内涵，更常常服务于国家和民族形象的建构。

价值观念的传播主要依赖于道德义务、伦理诉求等现世价值观念、行为规范的确立，因此，需要尽量为受众提供经由现世经验来把握价值观念的途径。从以往我国传统文化艺术符号话语生产来看，我国曾经将价值观念简单地植入其中，而随着后现代文化的影响和大众娱乐文化的发展，个体主体需求日益凸显，主流意识形态的传播方式也变得更为隐晦曲折，传统文化产品和文艺作品中的文化精神、道德内容大多以人性美、人情美为包装进行"柔性"传播，同时更加注意与大众生存现实和日常生活经验的关联。在商业文化与主流文化日益融合的生产生态下，那些曾经追求精英雅趣的生产主体更为自觉地将主流意识形态融入作品之中，同时也逐渐转向对日常世俗生活的关注。他们更为注重自我精神世界与社会、国家、民族命运的契合，注重审美情感中的"善"，并开始关注社会文化转型中的大众生存状态，书写大众在人生观、价值观、伦理道德观等各个方面发生的变化，由此在创作者、观众及社会之间形成了一种较为平和的对话模式。

这种"意义共享"话语模式的形成，促使传统文化艺术符号话语回归于社会主流文化及大众文化之中，因而在更为广阔的社会语境中符号话语获得了自身的生存空间，同时也为它在精神超越、现世人文关怀之间谋求平衡提供了条件，促使符号话语可能在个体、社会、国家之间建构富有张力的价值维度和空间场域。从当代传统文化遗产研究来看，如何挖掘和塑造传统文化艺术资源中所包含的"公共精神"，如何建构其历史、民族的面向，使之转化为符合人民群众基本文化需求的文化产品，已经成为一个热点问题。

随着当代社会经济的不断发展、社会结构的调整及社会文化的演进，社会上出现了多样化的社会经济成分、所有制形式及就业方式、生活方式，加上人们的思想意识逐渐趋于独立，思想更为活跃并更具有创新性，在意识形态选择上更加自觉、自由和多样化，由此导致了社会意识形态观念在整体上日趋多元化和复杂化，话语模式也随之更为丰富。与此同时，随着21世纪以来移动互联网的全面普及与信息传播渠道的多元化，公众自媒体话语权日益崛起，无论主流或非主流意识形态的传播都呈现出多模态的发展趋向。在这样的背景下，意识形态的表达系统更为完善和成熟，生产者也需要更加关注互联网语境下受众的文化需求，注重符号话语功能的建构及多模态表达方式的运用，还需要丰富话语的内涵，提高艺术的表现力。

此外，从当代符号话语传播方式来看，其主要是在不同时空、区域、群体间跨越式的、具有发散性和交互性的传播，因此迫切需要生产者和传播者系统、深入地探索群体性的想象共同体的构成方式，并对传统文脉流向、传统文化与现代文明之间、地域文化与国际文化之间的关系做出客观把握与深刻理解。

其次，资本、技术、媒介等也成为影响传统文化艺术符号话语生产的重要因素。当代符号话语生产和传播遵循消费文化逻辑和市场规律，媒介与诸种社会要素构成的公共领域日益成为符号话语生产和传播的基本空间形态。这固然有助于传统文化艺术资源向资本转化，但是在全球资本流动、媒介景观与消费文化语境下生成的意识形态、价值观念却使传统文化艺术符号的文化功能、审美功能、话语模式面临新的考验。因此，如何与各种社会文化形态、文化生产方式、大众认知经验和审美趣味进行互动与博弈，如何不断进行自我指涉和互文性繁衍，永无止境地在各种可能的语境和场域中进行生成意义的实验，成为当代符号生产的重要命题和新模式。

第二节 新媒体环境下传统文化创新的系统路径

一、不忘本来，开辟未来

工业化与城市化带来的影响，导致中华优秀传统文化面临严峻的挑战，因此，我们要不忘本来，守住本根，坚定文化自信，大力弘扬中华优秀传统文化。

（一）文化传统必须回归与坚守

中华民族之所以与众不同，数千年来走着一条不同于其他国家和民族的发展道路，主要是因为有着自己独特的文化基因，有着自己源远流长的文化传统。一个民族的复兴固然需要强大的物质力量，但也同样需要强大的精神力量。没有先进文化的积极引领，没有人民精神世界的极大丰富，没有民族精神力量的不断增强，一个国家、一个民族是不可能屹立于世界民族之林的。

历史和现实都已证明，中华优秀传统文化是中华民族生生不息的有力支撑，对于促进中华民族的家国认同，增强中华民族的文化自信，维护中华民族独立，促进中华民族的和谐、统一，推动中国社会的发展进步等，都发挥着重要作用。因此，我们必须守住中华民族的"根"与"魂"，才能在世界文化激荡中站稳脚跟，实现中华民族的伟大复兴。

（二）文化自信亟待确立与坚定

近年来，伴随我国经济社会的深刻变革，对外开放的日益扩大，互联网技术和新媒体的迅速发展，各种思想文化相互激荡，不同文明交流、交融、交锋更加频繁，大力弘扬中华优秀传统文化，增强人们的文化认同感、归属感，坚定民族的文化自信、自强，有效地凝聚共识、汇聚力量，就显得尤为重要。

要坚定文化自信，就离不开对中华优秀传统文化的认知、传承与发展。中华优秀传统文化绵延数千年，有其独特的思想价值体系，积淀着中华民族丰富的知识智慧、深厚的理性思辨和最深沉的精神追求，可以为我们坚定和增强文化自信提供更基本、更深沉、更持久的力量。比如，中华优秀传统文化提倡的"自强不息"的奋斗精神、"精忠报国"的爱国情怀、"天下兴亡，匹夫有责"的担当意识、"舍生取义"的牺牲精神、"革故鼎新"的创新思想、"扶危济困"的公德意识、"国而忘家，公而忘私"的价值理念等，一直是中华民族奋发进取的精神动力。因此，我们应建立起文化自信，在传承中华优秀传统文化基础上发展社会主义先进文化，加快建设社会主义文化强国。

（三）民族精神需要振兴与弘扬

民族精神是一个民族世代相承、不断丰富发展的思想精华与精神记忆，是一个民族得以延续发展的精神动力。实现中华民族伟大复兴，必须振兴、弘扬以爱国主义为核心的民族精神。中华民族精神深植于中华传统文化当中，是中华传统文化不断积淀和升华的产物。当然，弘扬以爱国主义为核心的民族精神，必须与弘扬以改革创新为核心的时代精神相结合，才能充满生机和活力。

二、善于继承，创新发展

优秀传统文化只有全方位融入国民教育各个领域、各个环节，与人民生产生活深度融合，才能有长久的生命力，真正实现活起来、传下去。为此，国家提出了一系列相关重点任务和措施，如构建中华文化课程和教材体系，加强国民礼仪教育，推进戏曲、书法、高雅艺术、传统体育进校园等，实施传统戏曲振兴工程、中国传统节日振兴工程，将传统文化标志性元素纳入城镇化建设、城市规划设计、城市公共空间，积极宣传推介戏曲、民乐、书法、国画等。通过这些措施，真正让中华优秀传统文化融入生产生活的各方面，转化为不可或缺的日常组成部分，形成人人传承发展中华优秀传统文化的生动局面，在全社会形成参与守护、传播和弘扬优秀传统文化的良好环境。

在笔者看来，数字技术与传统文化二者之间并非决然对立的关系。一方面，当代主体的认知方式正逐渐从注重综合性、整体性、历史性演化为注重空间性、当下性、偶然性等，并且偏爱奇观、幻想的趣味，而多元化的、丰富的感官体验等也已经成为主体经验的重要构成部分，在这些方面占据优势的数字造像，正好以其对无穷的空间、奇异事物、连续性动态变化场景的呈现，满足了主体的需求。因此，数字技术在三度空间、立体显示、光感、逼真层次感等方面的优势获得了大众的青睐，这一点是传统艺术无法回避的生存语境；另一方面，数字技术及其文化也存有与人生论或生存论、艺术本体相契合的一面，关键在于如何借助数字技术的优势，将这些要素转化为传统文化创新发展的助力，并使之成为传统文化内部的合理构成部分，促使传统文化实现活态化的生存。

首先，表象感官刺激并不会必然导致意义的丧失。当代数字技术文化已经在相当程度上体现出对现实、自我的认知，以及对人与自然、科技、社会之间关系的思考。大量的题材力图通过心灵、梦幻和潜意识来表现自我的觉醒。尽管过于依赖视觉感官带来了许多问题，但是从视觉的角度介入现实、反思现实、批判现实，改变人们业已形成的习惯思维方法，同样能揭示出事物内在的矛盾性与当代人的生存生态，激发想象，启发人们的思维，这一点在当代电脑艺术、计算机版画、多媒体艺术中已经成为重要的创作目标，甚至成为数字艺术的重要美学特征之一。当代电影技术与美学的新景观已然为传统文化创造开辟了新天地，如何进一步让数字技术揭示现实世界之中的"存在之道"，不仅需要创作者始终将国家、民族命运及主体的生活世界、生命意义作为文化艺术创作的根基，积极承载新的时代命题和人文关怀，而且有待于创作者对数字技术文化与美学进行不懈的探索。数字技术呈现的时空具有极强的广延性、伸张性，拓展了意义建构的途径，多维视像在满足主体消费娱乐需求的同时，也发展和完善了主体的感官认知能力，这些都为主体形成更高级的心智结构、洞察人类生命真谛、实现感性与理性再度和谐提供了新的条件。在这样的背景下，传统文化不能仅仅将数字技术视为方法创新和美学革新的要素，而更需要将之视为主体通往自由之路的门径，充分发掘其超越性的想象方式、独有的指涉力和阐释力，激活主体对存在的体验。其次，数字技术的运用及场景化的呈现方式与传统文化的思维方式及审美特质之间也不无契合之处。中国传统艺术讲究的是气韵，是"象外之象""万物静观皆自得"，其立足于对精神性的依附而非拘于具象事物本身，凸显出主体在审美过程中的主观能动性。但是中国传统艺术并非没有空间概念，只不过是时间性更为凸显，显现了以时间观来组织空间、融时空于整体之中的思维能力。在这方面，数字成像不乏成功的实践经验。例如，利用山水画的布局与节奏，通过多样化的路径设置建构关注点之间的联系，以实现空间的联络贯通及富于戏剧化效果的境界，能够更好地实现"游""观"；多维空间及空间之间的相互连接和转换，促使其擅于表现心灵、梦、潜意识等幻化情境，制造出混冥、朦胧的氛围，而"玄览""神思""妙悟"等独特的中国审美方式亦可以运用其中，实现更高级的时空整合。总的来看，如果说"空"与"灵"是中国传统艺术的重要特征，即在纯净、虚静、空荡的气氛中透出生命灵气，实现灵气、生气的自由往来，那么数字时空下的"空"与"灵"则是在奇幻的想象世界中，在动态感官体验和静态沉浸的结合之中，转变为一种更易于为主体捕捉、在主体间交流的情境体验，同时也更易于激发主体参与感知的能动性。最后，在数字技术语境下，创作者可以借助文字、视频、音频、照片、漫画、动画等各种媒介渠道，共同建构一个前所未有的、复杂精密的叙事整体，由此极大地拓展了传统艺术的叙事空间与文本信息增长的空间。情节的选择与叙事结构的隐显、细节的安排方式及情境化的呈现，能够营造出一种意在言外的氛围；非线性的传播和文本世界的不断重构，促使受众成为真正意义上的创作者。由此，数字化的意象不再只是形成传统意义上的画面或语言文本产生的意义世界，而是综合了多模态介质，以场景和情境为中心，借助关联情节及主体间的交流而形成一个完整世界。与此同时，各门类传统艺术也借由数字技术实现了广泛的交融。

综上所述，数字技术为传统艺术的传承提供了种种契机，为在更高层次上实现意象与意境之美提供了可能。近年来，这方面的成功案例屡见不鲜。以瓷板画为例，从其产业化现状来看，随着技术的不断发展，瓷板画的生产成本逐渐降低，各类瓷板画更为广泛地进入到当代社会生活之中，承载了更为多元的文化功能，与大众审美文化之间有了较为亲密的"接触"，应该说这为瓷板画的传承和创新提供了良好的生态环境。近年来，数字技术不断被运用到瓷板画生产中，数字设计、3D打印、大型陶瓷壁画电脑喷绘等一系列新技术的出现，使得瓷板画的表现形式更趋丰富，工艺和尺幅能够更加满足现代室内装饰、公共空间装饰中的各种需求，色彩、层次、质感等也较陶瓷贴花和丝网版印刷等工艺有了新的突破。同时，瓷板画的题材内容、艺术风格更为多样化，能够满足多元化的个体审美需求和不同生活空间场域的使用需求。

从题材来看，数字设计为年轻消费者喜爱的抽象、卡通、梦幻等内容提供了更多表现空间；从造型来看，3D打印更能使设计者发挥想象力，3D立体、水波折射等效果使瓷板画的表现力大大增强；从审美形式上看，电脑喷绘技术使瓷板画更能适应室内外各类空间的需求，具有较大的发展潜力。近年来，文化旅游、文化艺术博览会等活动中常常可见到"数字瓷板画"的身影，可见数字技术在各类瓷板画艺术品、工艺品与文创产品上得到了广泛的开发和运用，尤其是拥有历史古迹、名人、民间传说等地方文化资源的相关单位借助瓷板画开发和传播旅游纪念品、大型公共艺术品等，不仅促进了瓷板画的创新，而且带动了其他产业的发展，促进了地方文化资源的优化整合，充分显现了数字技术的重要价值。值得注意的是，数字技术在改变传统瓷板画制作工具、材料、创作手法的同时，也推动着传统瓷板画艺术形态的演变、艺术风格的发展，甚至对其艺术本体与创作观念等产生了一定的冲击。从传统瓷板画的发展历史来看，其不仅与我国文人书画、多种形态的民间美术作品之间有着密切关联，而且与特定的社会功能、生产力水平及人们的生活方式、审美趣味相融合，由此生成了传统瓷板画的文化内涵、工艺与艺术特征，并在历史发展和代际传承中形成了其审美精神发展与嬗变的脉络。从目前来看，其手绘细作、崇尚雅致、追求韵味的传统特色，已经在工业化生产和数字技术的介入下逐渐衰弱；数字技术与媒介文化、大众消费文化融汇而成的综合文化景观，潜在地制约着当代瓷板画艺术的价值诉求和审美追求，传统瓷板画的民间文化韵味也逐渐被时尚流行文化"同化"。瓷板画面临着既有的本体被解构之后，如何重构本体的问题。这个问题普遍存在于传统文化资源的数字化生产中。传统文化随着时代语境和社会生态的变迁而不断发展，其"活态化"生存始终是以自身生命力的延续与壮大为根本保障的。这种生命繁衍意味着它必须积极融入新的社会肌体之中，承载新的社会功能，不断寻求创新和突破，同时也必须承继和发扬其优势基因，守持自身文化特质和艺术品质，否则将丧失其存在之根本。

第四章　新媒体环境下文创产品设计理论

关于新媒体，目前还没有一个能够让所有人达成共识的定义，这也是一直以来学术界和社会共同讨论的议题。有关学者认为，新媒体是以大众传播的长期发展为基础，以数字技术为依托形成的一种新型传播方式。新媒体与传统媒体的本质区别就是新媒体已经超越了媒体的本身，是一种媒体的淡化，是虚拟和还原大众生活的传播活动。新媒体的传播方式是非常复杂的，它能够构建出一个崭新的传播平台，在这个全新的传播平台上，无论是人际传播、自我传播、组织传播还是大众传播，都能够拥有自己的位置。新媒体的特征是及时性、开放性、便捷性、互动性、分众性、个性化、信息海量化以及低成本。

第一节 新媒体环境下文创产品设计原则

一、以市场为导向的原则

市场导向原则强调以市场需求为出发点，与市场相结合，开发市场所需要的产品。当然，在设计文化创意产品时，设计师应该辩证看待市场导向和文化内涵，设计出兼具文化内涵和符合市场导向的文化创意产品。

20世纪50年代以来，在西方发达国家随着买方市场的出现而产生了现代经营思想。经过数十年来的更新和迭代，该理念已成为当代市场营销学的主线。该理念认为，消费者需要什么产品，企业就生产什么产品，销售什么产品。在这种理念的指导下，企业从市场需求出发，规划产品的生产和销售环节。企业的主要目标是把眼光放在长远地占有市场份额上。在这种理念的指导下，目前的企业对于市场调研结果十分重视，每个企业都试图在不断发展与变化的市场之中寻求没有被发现和填满的空白地带，之后再研发新的产品，通过制订价格、渠道、销售的策略占领市场的空白地带，满足市场和消费者的需求，达到长期盈利目标。在市场经济机制的调节下，文化创意产品需求和文化创意产品供给是通过市场这一环节联系起来的。市场对于文化创意产品的需求和文化创意产品对市场的供给是在一个体系中的，这两者之间的关系既是矛盾的又是统一的，正是这种关系促进文化创意产业的发展，成为文化创意活动发展的动力，也就是说，供需关系这种经济活动的基本矛盾是促进供需两者之间的经济联系、发展、变化的重要因素，也是经济活动的主要内容。要想平衡供需之间的关系、缓和供需之间的矛盾，就需要通过市场运作进行协调。文化创意产品整体的结构平衡就是供需结构的平衡，要想使文化创意产业得到良好、平稳的发展，就需要保证文化创意产品结构的平衡。

文化创意市场瞬息万变，其中，消费者的需求在变，竞争对手的策略也在发生变化，与文化创意产业相关的制度与法律也随之完善，这也说明文化创意产业相关的企业也在不断发展。一个文化创意企业是否能够在市场之中生存并发展下去，关键在于该企业是否能够适应文化创意市场发展与需求的变化。所以，文化创意企业的发展导向必定是市场，企业需要具备及时调整自身、合理调配资源的能力，要善于发挥自身的长处，根据市场的变化及时进行营销活动，制订出适合自身发展的市场营销战略。市场营销战略关系到今后相当长一段时间内文化创意企业的发展目标，是文化创意企业市场营销计划的重要依据。

因此，市场营销战略正确与否，对文化创意企业的兴衰成败而言具有举足轻重的作用。若一个文化创意企业的市场营销战略错误，无论文化创意的具体行动方案多么细致、多么全面，销售队伍多么强大，也会在激烈的市场竞争中迷失方向，对企业的生存和发展构成威胁，甚至被竞争对手击败。

二、兼顾美观与实用原则

随着社会的发展，现代人对于审美的品位和对于美的需求呈现出多元化的趋势，这就导致了人们要求产品既要有功能性，又要有美观性。人们总是感觉设计较为美观的产品会比设计普通的产品更加好用，无论实际上是不是这样。这种美观的实用性作用已经在多个实验项目中被发现，并且对于产品的外观设计以及功能设计等方面产生了很大的影响。

一个美观的产品不仅要让消费者的审美需求得到满足，而且要让消费者产生"美观的产品更加实用"的感受。所以，企业在设计文化创意产品时，就需要基于消费者的感受，对消费者的心理喜好进行细致的调查，整理归纳出消费者的美学需求，再与文化进行结合，设计出既符合消费者审美，又符合当下市场需求的产品。

三、绿色环保原则

20 世纪 80 年代，在全世界范围内出现了一种国际性的设计观念，此时的人们已经意识到地球的生态环境正在失去平衡，人类发展过度开发和破坏了自然环境，从这时开始，设计师开始意识到环境保护和可持续发展的问题。

从产品设计的角度来说，设计师在设计之初就需要考虑到生态平衡的问题。在设计过程中，每一个设计决定都要考虑到人与生态环境的关系，要维持自然环境的效益，减少对生态平衡的破坏。设计需要减少有害物质的使用或者排放，并且尽量使用能够循环利用或者再生利用的零部件进行生产。这就需要设计师带着对生态环境保护的观念进行产品设计，设计简洁、耐用的产品，提升产品的使用寿命。

四、系统分层原则

文化创意产品的设计需要遵守多层次、系统化的设计原则。因为消费者的需求是多种多样的，其年龄、性别、爱好、性格、文化背景等因素都会对其需求产生影响。企业和设计师应该在设计文化创意产品时准备多种设计方案以满足不同消费者的不同需求，并且要设计不同规格、不同价值和不同档次的文化创意产品。

1. 高档文化创意产品设计。首先，要注重对文化创意产品品牌的塑造，提高文化创意产品的文化内涵和消费者的审美品位；其次，可保留手工精湛的工艺技巧痕迹，凸显文化创意产品的材质美；最后，在包装上应联系产品主题，传达文化神韵。此类文化创意产品价格定位较高，但不一定是企业主要的盈利产品。

2. 中档文化创意产品设计。其应考虑消费者对文化创意产品的内心情感需求、精神需求，最终创造出充满趣味的文化创意产品。例如，以西瓜为元素的系列文化创意产品开发，强调文化创意产品在造型、纹样、颜色上的再设计。

3. 低档文化创意产品设计。在保证文化创意产品质量和文化创意产品独特性的基础上，对文化创意产品进行批量生产，同时选择价格低廉、容易加工的原材料是在满足消费者需求的同时保证文化创意产品低廉价格的重要方式。在保证低廉价格的同时，文化创意产品在设计时还需要注重系列化的开发，以满足消费者的购买需求。现在的市场经济是以需求为导向的，文化创意产品必须进行系列化开发，给予消费者更多的选择，刺激消费者的购买欲望，强化文化创意产品自身在市场上的竞争力，以适应市场的多元化进程。

第二节 新媒体环境下文创产品设计方法

一、文化创意产品常用的设计方法

（一）头脑风暴法

"头脑风暴"最早出现在精神病理学研究中，指的是精神病患者出现精神错乱的状态。之后，"头脑风暴"一词被用于进行没有限制的自由想象和讨论，其目的是激发出新的想法和创意。

运用头脑风暴法，给定中心词，充分发散思维，联想一切自己感兴趣或者好玩的文化元素，用便条纸将联想到的关键词记录下来，之后再进行分析和整理工作。

在组织群体进行头脑风暴时，主持人需要将有关的专家集中起来进行专题会议。主持人将会议的主题向参与者进行阐述，明确会议的规则，营造出轻松、和谐的氛围以保证会议的进行。主持人不要对会议主题发表自己的意见，以免打扰参与者，由参与者"自由"提出尽可能多的方案。

（二）奔驰法

奔驰法是一种辅助创新思维的方法，主要通过以下 7 种思维启发实践。

1. 替代。创意中哪些内容可以被替代，以便改进产品？哪些材料或资源可以被替换或互相置换？运用哪些其他产品或流程可以达到相同的目的？

2. 结合。哪些元素需要结合在一起，以便进一步改善创意？如果将该产品与其他产品相结合，会得到怎样的新产物？如果将不同的设计目的或目标结合在一起，会产生怎样的新思路？

3. 调适。创意中的哪些元素可以进行调整和改良？如何将产品进行调整，以达到另一个目的？还有什么元素、目的或产品可以进行调整？

4. 修改。如何修改创意以便进行下一步改进？如何修改创意现阶段的形状、外观以给消费者带来不同的感受？如果将该产品的尺寸放大或缩小，会有怎样的效果？

5. 其他用途。创意要怎样运用到其他用途中？是否能将创意用到其他产品或行业中？在另一个情境中，产品的行为方式会如何？能否将产品的废料进行回收再利用？

6. 消除。已有创意中的哪些方面可以去掉？如何简化现有的创意？哪些特征、部件或规范可以被省略？

7. 反向。与创意完全相反的情况是怎样的？如果将产品的使用顺序颠倒过来，或改变其中的使用顺序，会得出怎样的结果？如果做了一个与现阶段创意完全相反的设计，结果又会是怎样的？

（三）思维导图法

思维导图其实是一个视觉表达形式，它将一个主题以及根据这个主题所散发出的思维和创意之间的联系呈现出来。研究思维导图并从中找出思维和创意之间的联系就能够设计出一系列的方案。设计师要能够运用思维导图将主题以及与主题相关的所有发散思维和创意视觉化，将主题进行分析结构化，如将主题的名称写在空白纸上，并将其圈起来，再对主题进行头脑风暴，绘制从中心向外发散的线条，将自己的想法标在不同的线条旁，可以根据需要在主线上增加分支。这种方法就是思维导图法。

思维导图的绘制过程如下：

1. 准备 A3 纸一张、彩色笔（至少三色以上）若干、水性笔一支，纸必须横放。

2. 画中心主题。在纸的正中间画一个圈或一个框，把主题词写进去。

3. 画主干。画主干线条要柔和，色差要强烈。画图顺序从右上角开始，沿着顺时针到左上角结束。

4. 填写主干关键词。提炼出主干关键词并填写。每个人的理解和关注点不一样，提炼出来的关键词会有所不同，任意发挥即可。

5. 画分支和填写关键词。先画第一层分支，再画第二层分支，然后继续分。当然，也可以直接就一个分支画到底，不需要画完第一层就开始第二层。思维导图的优点就在于其可以不断添加，突然想到了什么，继续添加就可以，还可以随时减少分支或者添加分支。

6. 小图。可以根据个人的理解在不同的区域配上小图，有助于理解发散，也能使思维导图更漂亮。

思维导图的绘制要点如下：

第一，图像。中央要用图像，分支要用图像，整个思维导图都要多用图像，因为图像有助于触发无数联想，加强记忆。不要怕画得不好，有效就行。

第二，关键词。如果有些内容无法用图片表达，那么就要使用关键词。关键词需要简短，尽量少用词组，多用单词。

（四）拼贴画法

拼贴画法是一种展示产品使用情境、产品用户群、产品品类的视觉表现方法。它可以帮助设计师完善视觉化设计的标准，便于与项目其他利益相关者交流设计标准。

采用拼贴画法应选择最合适的材料，2D 和 3D 的材料均可，可凭直觉尽可能多地收集原始视觉素材，并根据目标用户群、使用环境、使用方式、用户行为、产品类别、颜色、材料等因素将视觉素材进行分类，还需要决定背景的功能和意义，如构图定位，背景的颜色、肌理及尺寸。

在制作拼贴画时，首先，设计师在草图上找到合适的构图，此时需要着重关注坐标轴与参考线的位置，思考图层的先后顺序、图片大小、图片与背景的关系；其次，按照自己的构图意愿绘制一幅临时拼贴画；最后，检查全图，确定该图是否已经呈现出大部分自己想要表达的意义，之后进行粘贴。

（五）场景描述法

在采用场景描述法时，设计师要确定场景描述的目的，明确场景描述的数量及篇幅，选定特定的人物角色或目标用户及需要达成的主要目标。同时，设计师要构思场景描述的写作风格，为每个场景描述拟定一个具有启发性的标题，并巧妙利用角色之间的对话，使场景描述内容栩栩如生。另外，设计师要为场景描述设定一个起始点，触发场景的起因或事件，专注地创作一篇最具前景的场景描述。

设计的过程也被普遍认为是解决问题的过程，而在解决问题之前，设计师首先要寻找并界定真正的设计问题。这是得出解决方法最重要的前提。回答以下问题可以帮助设计师界定设计问题。

1. 谁遇到了问题？

2. 主要问题是什么？

3. 与当前场景相关的因素有哪些？

4. 遇到问题者的主要目标是什么？

5. 需要避免当前场景下的哪些负面因素？

6. 当前场景下的哪些行为是值得采取的？

设计师将所得结果整理成结构清晰、条理清楚的文字，形成设计问题。其中应包含对未来目标场景的清晰描述，以及可能产生设计概念的方向。对问题的清晰界定有助于设计师、用户及其他利益相关者进行有效的交流与沟通。在设计问题界定后，设计师需要进行分合思维。

（六）用户观察法

用户观察法是指为了确定产品内容、对象及地点，在毫无干预的情况下对用户进行访谈或采用问卷调查的形式实现目标的一种方法。在真实环境中或实验室设定的场景中观察用户对产品的反应，可通过拍摄视频、照片或记笔记的方式来记录，也可以将所有数据整理成图片、笔记等形式，再进行统一的定性分析，全方位地分析用户行为并将其转化为设计语言。

用户访谈的形式一般应用于开发消费者已知的产品或服务。访谈能深入洞察特殊的现象、特定的情境、特定的问题、常见的习惯、极端的情形和消费者的偏好等。在进行用户访谈时，具体步骤如下：编制访谈指南，包括与问题相关的各种话题清单；邀请合适的受访者，一般依据项目的具体目标选择 3 ~ 8 名受访者；访谈的时长通常为 1 小时左右；在访谈过程中需要进行录音记录，记录访谈对话的具体内容；总结访谈笔记。

问卷调查的形式是一种运用一系列问题及其他提示从受访者处收集所需信息的方法。问卷调查能帮助设计师获取用户的认知、意见、行为发生频率，以及对某种产品或服务的设计概念感兴趣的程度，从而帮助其确定对产品或服务最感兴趣的目标用户群。在进行问卷调查时，具体步骤如下：以项目的研究问题为基础，确定问卷调查的话题；选择每个话题的回答方式，如封闭式、开放式或分类式；合理、清晰地布局问卷，确定问题的先后顺序并归类；测试并改进问卷，因为问卷的质量决定了最终结果是否有用；根据不同的话题邀请合适的调查对象，可随机取样或有目的地选择调查对象；运用数据展示调查结果及被测试问题与变量之间的关系，调查结果可以为设计师提供目标用户的相关信息，有助于其找到设计项目中需要重点关注的地方。

二、文化创意产品设计方法的进行流程

（一）产品结构及工艺调研

产品设计受产品的功能、构造和制造方法等影响较大，在产品设计过程中，我们需要掌握与产品相关的技术信息。产品结构及工艺调研主要是二手资料的收集整理、专家意见调查，以及产品拆解实验等。

进行同类产品特性比较是为了了解竞争对手的产品动向，需要收集大量的产品样本和样品，分析设计趋势。一般将市场上现有产品的各项特点，如品牌、功能、特色、诉求重点、价格、使用材料等详细列出，分析市场现有产品在满足消费者不同需要方面的设计特点，进而比较各竞争产品的优缺点，制作成产品分析图表。

（二）地域文化特征调研

产品设计所面向的使用人群一般生活在一定的地域文化环境中，他们的审美取向、价值取向、生活习惯等都受到这些环境因素的影响。产品只有符

合当地目标人群的偏好，才能得到人们的认可。开展地域文化特点及差异的研究对于企业进行跨文化的产品开发来说具有极大的指导意义。

在对目标市场的地域文化特征进行调研时，设计师不仅需要了解人们的审美偏好，而且需要调研当地的文化传统、习俗等，进而制订正确的设计策略。

（三）品牌形象特征调研

地域文化是产品的民族特性，企业文化是产品的家族特性。品牌形象是企业生存依靠的精神力量和文化力量，这些力量长期积累形成，逐渐凝结成相对固定的形象特征，并体现在产品上。

（四）产品风格认知调研

在进行产品风格认知调研时，我们需要通过产品市场分析图找到关键点。

1. 现有产品的市场空白点。

2. 竞争对手产品的优缺点。

3. 定位自己产品的市场推广方向。

（五）明确设计方向

明确设计方向可采用趋势分析法、功能分析法、态势分析法和搜寻领域法。

1. 趋势分析法

趋势分析法能帮助设计师辨析用户需求和商业机会，从而为进一步制订商业战略设计目标提供依据，也能催生创意想法。在采用趋势分析法时，设计师应尽可能多地列出各种趋势，可使用一个分析清单帮助其整理相关的问题和答案，过滤相似的趋势并将各种趋势按照不同的等级进行类别分析。要辨析这些趋势是否有相关性并找到它们之间的联系，确定新产品或服务研发方向，也可将不同的趋势进行组合，观察是否会催生新的设计灵感。趋势分析法不仅能启发设计师的灵感，而且能帮助设计师认清推出新产品所面临的风险和挑战。

2. 功能分析法

功能分析法是一种分析现有产品或概念产品的功能结构的方法，可以帮助设计师分析产品的预定功能，并将功能和与之相关的各个零部件相联系。

产品功能是"产品应该做什么"的抽象表达，设计师需要将产品或设计概念通过主功能和子功能的形式进行描述，列出产品的功能清单及其主功能与子功能。而面对复杂的产品，设计师可能需要梳理产品功能结构图，此时可以遵循三个原则：一是按时间顺序排列所有功能，将功能按不同等级进行归纳；二是整理并描绘功能结构，补充一些容易被忽视的"辅助"功能，推测功能结构的各种变化，最终选定最佳的功能结构；三是功能结构的变化可以依据产品系统界限的改变、子功能顺序的改变拆分或合并其中的某些功能。

3. 态势分析法

态势分析法能帮助设计师系统地分析出企业运营业务在市场中的战略位置并依此制订战略性的营销计划。态势包括是优势、劣势、机会、威胁四个部分，前两者代表产品的内部因素，后两者代表产品的外部因素。

4. 搜寻领域法

搜寻领域法能帮助设计师在开发新产品时找到市场机会。该方法通常在态势分析结果的基础上进行综合整理，将态势分析所得的结果作为起点，将结果放在一个矩阵中寻找可能的关联。首先，结合内部优势和外部机会，通过发散思维创造出一些搜寻领域，并依据选择标准对通过思维发散出的领域进行筛选，进而得出有价值的搜寻领域；其次，进行一次用户情境或使用情境研究，检测各搜寻领域的可行性，将这些搜寻领域归纳为设计大纲，并依据设计大纲中的各搜寻领域生成不同的产品创意。

（六）确定设计方法

确定设计方法一般采用维度分析法。在运用维度分析法时，设计师先为中心词画一个象限表，纵轴为解决效果，横轴为实现成本，然后根据每个创意的实际情况将其一一对号入座，最后根据产品开发的要求选取缩小创意的范围，直到最终确定可行性最大的方案。运用维度分析法对思维发散出的创意进行整理、筛选，挑选出有价值、有意义的设计点。至于采纳哪个方案，则需要对挑选出来的创意进行评估。

（七）思考设计载体

将设计理念或者创新点运用到合适的载体上是表达产品内在文化含义的

基础。通过归纳和总结，文化创意产品设计载体主要分为多种类别。

（八）提炼设计方法

提炼设计方法是提炼传统文化元素特征并赋予新应用，以减法的方式删除繁复的非本质的部分，最终保留和完善最具有典型意义的部分。提炼传统文化元素特征的方法有变异修饰、打散再构、借形开新、承色异彩和异形同构。

1.变异修饰

变异修饰的方式分为变形、变色、变式和变意。

2.打散再构

打散再构的具体步骤是：首先，原形分解，进行重新组合；其次，移动位置，打散原形组织结构形式，移动后重新排列；最后，进行切除，选择美的部分或从美的角度分切，保留最具特征的部分。

3.借形开新

借形开新，即借助一个独特的外形或具有典型意义的样式进行新图形塑造。

4.承色异彩

承色异彩，即借鉴传统色彩的配色方式进行设计，或打破传统色彩的局限对局部色彩进行变换。

5.异形同构

异形同构，实质上是一种组合方式，组合元素不断变换，也可以通过不断配对重组促使新图形产生，主要分为异形同构、图文同构、中西文同构几种方式。

（九）开展设计探索

在开展设计探索时，设计师一般通过联想用户的使用情境进一步挖掘设计点，采用故事板深化产品细节，并制作效果图。如果产品注重用户体验，那么设计师对于用户角色模型和用户场景的了解就不能少，而在产品设计中故事板能够直观地体现出用户和产品的使用情境。

三、文化创意产品的呈现方式

文化创意产品主要以三种方式呈现，分别是精神内核、行为过程和外在形象。

（一）文化创意产品的精神内核

文化创意产品的精神内核是指吸收传统文化的精髓，找到契合点并与现代产品相结合，以创新的手段体现文化意境为主要目的，使传统文化走入现代人的生活。

（二）文化创意产品的行为过程

文化创意产品的行为过程是指寻找事物之间在操作方式和使用方法上暗含的相似性，把一个事物的某种属性应用在另一个事物上。

（三）文化创意产品的外在形象

文化创意产品的外在形象运用有两种方式：一是在传统物件上加入现代元素，使其时尚化、现代化；二是对传统物件的形态、传统文化图案的图形元素进行提炼概括和打散重构等重塑化，最后将其进行重组或与现代产品相结合。

四、文化创意产品的应用载体

文化创意产品的应用载体主要有三类，分别是实体产品、虚拟产品和虚实结合产品。

（一）实体产品

实体产品以物质实体的形式存在。实体产品一般通过实体店销售，计算机网络可以辅助其营销，但其不能通过计算机网络来传递，必须依靠传统的运输系统。需要注意的是，以光盘形式销售的软件、音乐、电影等，由于其载体是物质形式的，所以只能算是实体产品。

（二）虚拟产品

虚拟产品无实体性质，在网上发布时默认为无法选择物流运输的商品，包括可由虚拟货币或现实货币交易买卖的虚拟商品或虚拟社会服务等。商品分为实体商品和虚拟商品，而虚拟商品又分为数字商品和非数字商品。虚拟商品是指电子商务市场中的数字产品和服务，一般专指可以下载使用或在线使用的数字产品和服务。

（三）虚实结合产品

虚实结合产品是指虚拟商品或虚拟服务与其配套的实体产品的组合，二者相辅相成，缺一不可。

第三节 新媒体环境下文创产品设计流程

一、文化创意产品项目的调研

（一）文化创意产品项目管理

文化创意产品的设计在通常情况下的表现形式是项目。文化创意产品项目管理就是由文化创意设计和具体项目有关的管理学、技术相互融合而产生的。

文化创意产品项目管理指的就是为了达成预设的文化创意设计目的，以项目管理学理论和相关技术为基础，在科学、合理、有计划的前提下，对在资源、时间、成本、技术、材料等有关方面限制的范围内进行项目任务的管理活动。一个成功的文化创意产品设计团队必须要具备成熟的项目管理能力，在限制的范围内可以完成文化创意产品设计。文化创意产品设计师不仅要具备一般设计师所具备的能力，而且要拥有一定的文化内涵，能够对文化有较强的认知和理解，并具备整合的能力，才能设计出真正的文化创意产品。

1. 文化创意产品项目管理的准备

对于一个非常成熟且有很多设计经验的设计团队或创作企业而言，需要做的准备工作就会相对轻松。对于一个初创的设计团队或者参与文化创意产品设计活动较少的企业而言，在第一次进行文化创意产品设计的时候就会相对困难，而文化创意产品项目的准备工作是文化创意产品项目成功的关键。

（1）进行文化创意产品项目前期检查

当企业在进行文化创意产品项目的准备工作时，进行文化创意产品项目的前期检查能够帮助企业明确自己的市场目标，这是决定项目是否能够成功的关键。为了防止设计出现方向性错误，就需要对文化创意企业的内部资源进行评估。

文化创意产品项目前期检查的主要内容包括：检查以往文化创意产品项目成功与失败的原因；检查项目技术的薄弱环节；检查文化创意产品项目管理的能力和水平。

（2）编制文化创意产品项目规划书

编制文化创意产品项目规划书是文化创意产品项目准备工作的重要环节。一个合理、科学、完整的文化创意产品项目规划书能够帮助团队或企业明确项目的设计方向和目标，同时能够降低项目中的风险，帮助设计师提前了解项目，做好前期准备工作。

从文化创意产品项目管理者的视角来看，一个合理、完整的项目规划书应该包括以下几个方面：设计目标、设计计划、设计要求。所以，编制项目规划书的基本要求就是要明确合理的设计目标、做好合理的设计计划以及确认设计要求。文化创意产品项目规划书的编制通常要经过市场研究、产品研究、技术研究、交流与评估研究与活动等步骤。

2. 文化创意产品项目规划管理

文化创意产品项目管理者要对文化创意产品项目管理进行合理的规划，并且在设计的过程中要对所有的设计工作进行管理，这就是文化创意产品项目管理。当文化创意产品项目的准备工作完成之后，文化创意产品项目管理者的工作重点就变成管理项目规划，这对于完成文化创意产品项目规划书中所设定的设计目标十分关键。文化创意产品项目规划管理的方式一般有分阶段管理、产品设计与开发管理、产品项目规划的成本管理、产品项目规划的品质管理、产品项目规划的时间管理等。

3. 文化创意产品项目团队管理

随着社会的发展，现阶段的文化创意产品项目通常是非常复杂的，这就需要文化创意团队具备多职能和团队成员共同参与。而许多实例也证明了一个拥有多职能的和团队协作能力强的团队更容易完成项目。但是在文化创意产品项目进行的过程中，不可避免会出现团队成员想法上的分歧，为了避免因想法的分歧而延误项目的进度，就需要对文化创意团队进行有效的管理。

文化创意团队的工作特征有以下三个方面：第一，文化创意产品项目需要集思广益才能完成，因此，要让团队中的成员感受到平等的参与感与认同感；第二，在文化创意团队中不仅要对团队的作用给予重视，而且要重视团队领导的领导能力和团队核心成员的个人能力；第三，文化创意团队的组成一般为 5 ~ 7 名成员，最好不要超过 8 人。

为了保证文化创意团队的工作效率，需要设立一个文化创意产品项目经理。文化创意产品项目经理需要具备较强的工作能力，其不仅拥有良好的专业设计能力，而且具备优秀的团队管理能力。同时，文化创意产品项目经理还要能够明确设计目标和进行项目规划，拥有管理团队的权限。

（二）文化创意产品市场调查

文化创意产品的市场调查有规定的工作程序，是有计划、有组织的商业活动。只有按照一定的工作程序进行，才能保证市场调查结果的有效性。文化创意产品市场调查的程序一般可分为确定调查主题与调查目标、制订调查计划、实施调查计划、提出调查报告。

1. 文化创意产品市场调查主题与市场调查目标的确定

文化创意产品的市场营销决策包括的内容非常繁杂，因此需要调查的内容有很多，不可能仅仅通过一次调查就将调查任务完成。所以，在进行市场调查的准备工作时，先要明确最需要解决、最关键的问题，确定本次市场调查的主题，明确本次市场调查需要完成的最关键的任务和最重要的目标。

根据文化创意产品市场调查主题的性质和调查目标的不同，市场调查项目可以分为探索性调查、描述性调查和因果关系调查三种类型。

（1）探索性调查

探索性调查通常会应用在没有明确调查主题的情况下，它能够确定调查主题的方向、内容以及调查范围，然后对资料进行收集、调查。例如，当一个企业发现最近一个季度文化创意产品的销量出现明显下降时，就需要运用探索性调查找到问题的关键所在，及时了解市场情况，以便做出积极的应对。

（2）描述性调查

描述性调查主要是记录采集到的数据资料，根据客观数据进行静态描述。在文化创意企业对短期市场营销的策略进行调整时，会对近年来受到市场欢迎的文化创意产品进行总结与分析，以便于其预测市场对于文化创意产品的发展需求。而文化创意企业在对长期市场营销的策略进行调整时，会根据当前的实际情况对将来的发展情况进行预测，并且对某一个地区民众的收支情况进行调查，详细掌握当地居民的收支变化情况、产品拥有率、产品饱和度、产品普及率等，同时对当地的生产状况也要有一定的了解。

（3）因果关系调查

因果关系调查的目的是对市场营销活动之中不同因素之间的关系进行分析，对于市场中一些现象存在的原因进行调查。在文化创意企业的营销活动中，会存在许多因素和因素之间的联系，这些因素之中有很多是可控制的变量，如产品成本、人员、产量、价格等，有些因素则受到其他因素的影响较大，如销售数据、产品反馈、企业利润等。通过因果关系调查，我们要清楚某种变量的变化究竟受到哪些因素的影响、多种因素的变化对变量的影响程度如何，以及这些影响因素将会发生怎样的变化等。

2. 文化创意产品市场调查计划的制订

当确定文化创意产品市场调查的目标和调查的主题之后，市场营销调查人员就要及时制订调查计划。市场营销调查人员在制订文化创意产品市场调查计划时要包括调查对象、调查方法等内容。

（1）确定文化创意产品市场调查资料的来源

文化创意产品市场调查计划必须考虑资料来源的选择。调查资料按其来源分类，可分为第一手资料和第二手资料。

第一手资料指的是进行市场调查所采集的原始资料。有很多市场调查的项目都需要采集第一手资料，但是第一手资料采集的成本相对较高，不过所得到的资料与数据都为解决问题提供了很大的帮助。第一手资料的来源通常是实际调查和深度沟通等。

第二手资料指的是市场调查之前已经有的资料。进行文化创意产品市场调查的人员通常都会先查阅第二手资料之后再进行调查工作。第二手资料采集的成本相对较低，但是在文化创意产品市场调查中主要还是以第一手资料的采集为主。例如，博物馆文化创意产品市场调查侧重文物、典籍、历史等资料的梳理；旅游景区文化创意产品市场调查侧重对地域文化、景观特色、民俗文化等资料的梳理。

（2）确定文化创意产品市场调查的对象

根据文化创意产品市场调查对象的范围大小，市场调查可以分为普遍调查和抽样调查两大类。

普遍调查能够得到较为全面的统计数据，但是具体的实施过程非常复杂，不仅费时，而且费力，调查的成本太高，一般只有政府机构为了调查某些特定的项目才会使用，如人口普查、经济普查等，在文化创意产品市场调查中则极少使用普遍调查。

抽样调查指的是对调查总体的若干个体进行调查。文化创意产品市场调查通常都是采用抽样调查的方式。抽样调查的种类有很多，通常企业所采用的只有两种，随机抽样调查与非随机抽样调查。随机抽样调查指的是排除调查工作人员的主观干扰，在调查总体中进行随机抽选若干个调查对象；非随机抽样调查指的是由调查工作人员进行主观判断选择调查的样本，因此，调查的结果往往会产生较大的误差。但是如果调查工作人员有丰富的调查经验，非随机抽样调查也是一种不错的调查方式。

3. 文化创意产品市场调查计划的实施

实施文化创意产品市场调查计划包括两个步骤：文化创意产品市场调查数据资料的收集和文化创意产品市场调查数据资料的加工处理和分析。

（1）数据资料的收集

文化创意团队的领导者需要经常进行市场调查，以了解市场的变化，从而得到准确的市场调查结果。例如，在实施观察法进行调查时，领导者要叮嘱调查工作人员不要遗漏信息；在实施询问法进行调查时，要确保调查工作人员的客观性，不允许其对调查样本进行诱导，使样本做出不客观的回答。

（2）数据资料的加工处理和分析

在经过市场调查之后，企业需要对采集到的数据资料进行科学、合理并且准确的处理。数据资料的处理包括对调查资料的分类、整合与整理。在进行数据资料处理的过程中，一定要保证数据资料的完整性。经过市场调查之后采集到的数据资料被处理之后就可以进行分析了，从而得到调查的结果。根据数据资料的分析性质不同，数据资料分析可以分为定性分析和定量分析；根据数据资料的分析方式不同，数据资料分析可以分为经验分析和数学分析。在当前，大多数企业都选择使用数学分析法进行数据资料的定量分析。

利用先进的统计学方法和决策数学模型，辅之以经验分析与判断，可以较好地保证调查分析的科学性和正确性。

4. 文化创意产品市场调查报告的提出

在进行文化创意产品市场调查之后，企业会对采集到的数据资料进行整理和分析，调查工作人员必须得出调查的结论，然后以调查报告的形式总结文化创意产品市场调查的结果。通过文化创意产品市场调查报告，能够使企业对文化创意产品市场的现状有初步的了解，并且能够根据调查报告设计市场营销方案和策略。因此，调查报告对于文化创意产品设计师、市场营销人员、项目决策人员都有重要的意义。

二、文化创意产品的受众分析和定位

（一）文化创意产品的受众分析

文化创意产品市场发展重点是研究消费者的消费行为，企业进行营销活动的目的是为有需求的受众提供文化创意产品。因此，企业需要了解受众、分析受众，知道受众的购买需求、购买动机、购买喜好。只有这样，文化创意团队才能有针对性地开发新的文化创意产品，并为企业提供产品样式、价格、销售渠道以及营销方式的建议。对受众行为的分析主要有以下几点：受众市场、受众购买行为模式、受众购买行为类型、受众购买决策、影响受众购买行为的因素等。

1. 文化创意产品市场及受众购买行为分析

文化创意产品市场也被称作文化受众最终市场，在这个市场之中，所有的消费者都是对文化创意产品关注的受众。文化创意产品受众市场的特征如下。

（1）市场广阔，消费人群较为集中，如集中在博物馆、旅游景点等。

（2）市场需求弹性较大。文化创意产品市场的产品种类繁多，常针对受众进行高、中、低档分层分析。

（3）专家购买。文化创意产品市场的消费者大多数具备一定的文化认知，他们在购买时，关注自身情感和印象，因此，他们的购买决定容易受到文化创意宣传、文化情景空间和服务等的影响。

（4）除少数高档耐用文化创意产品外，一般不要求技术服务。

2. 文化创意产品受众购买行为模式

受众购买文化创意产品的行为是非常复杂的，并且在购买文化创意产品或是服务的过程中，受众也会产生一系列反应。对受众形成外界购买刺激的因素有两种：一种是营销刺激；另一种是其他刺激。

3. 影响文化创意产品受众购买行为的因素

（1）个体特征因素

受众个体所具备的一些特征影响受众的购买行为，尤其是受众的年龄、收入水平、生活方式、学习专业、工作需求以及个人爱好等，需要企业给予重视。受众个体特征不同，所具备的购买方式、购买需求、购买动机也会有所差异。从年龄方面来看，年龄小的受众个体对于玩具、文具的需求更大，年龄大的受众个体对于养生类产品有更大的需求。从职业方面来看，教师更喜欢有文化内涵的产品；设计师更喜欢新潮的、有设计感的产品。从经济水平方面来看，高收入人群的消费水平更高，他们更喜欢高品位的、具有艺术性的产品；低收入人群更喜爱实用性强的产品。文化创意产品的设计师需要根据受众个体的特征对受众的购买行为进行分析，这样才能更精准地设计出适合不同受众群体的产品。

（2）心理因素

国外心理学家针对不同的人群提出了不同的人类动机理论，这些理论对于市场营销的策略和受众行为的分析有参考的价值。而在这些理论中，需求层次理论所产生的影响最为明显。需求层次理论认为，人类的需求根据重要程度分为五个层次：生理的需求、安全的需求、社会的需求、尊重的需求和自我实现的需求。在文化创意产品设计中，人们有对于文化情感的需求，因此，文化创意产品能够满足人类更高层次的需求。

需求层次理论的核心是，人类具有不同层次的需求和欲望，随时有待满足。

（3）文化因素

对受众的购买行为和购买需求影响最大的是文化，而文化是人类在政治、经济发展过程中所有的精神活动和精神产品。文化无时无刻不在影响着人类的行为，任何人都是在文化环境中成长的，这就导致人们都会具备一定的行为习惯和思想观念。文化因素主要包括的内容有亚文化和社会阶层。

（4）社会因素

社会因素指的是某一个受众个体受到其周围人的影响，如家庭、社会角色和地位以及相关群体的影响。

①家庭

家庭对于受众的购买行为会产生非常大的影响。由于家庭会直接影响到每个人的行为准则、思想、价值观以及其对世界的认识，因此，家庭是重要的影响因素。

②社会角色和地位

社会角色是指一个人在不同场合中的身份。人在不同群体中的位置可用角色和地位来确定，这些都会影响个人的购买行为。

③相关群体

相关群体指的是能够对人们的行为、价值观、思想产生直接或间接影响的群体，也就是受众所在并能够相互影响的群体。而受到相关群体影响较大的企业在进行文化创意产品设计的过程中，最关键的环节就是如何找到该群体的领袖。

（二）文化创意产品的定位

文化创意产品的定位指的是潜在客户或已有客户对于文化创意产品的心理定位。在文化创意产品设计的过程中，文化创意产品的定位需要设计师站在市场的角度进行市场需求分析，以此确定产品的设计方向，最终使文化创意产品能够在市场中具有较强的竞争力。文化创意产品的定位直接影响到产品最终的成败。市场调查对于文化创意产品设计十分重要，如果没有根据市场调查结果确定文化创意产品的定位，设计师的设计方向就会最终偏离受众的需求。

1. 文化创意产品人群定位

文化创意产品的使用人群是在文化创意产品设计过程中需要解决的第一个问题。设计师设计出的这个产品由谁来使用，消费者的年龄、性别、收入状况等需要十分明确。确定文化创意产品的消费人群对于文化创意产品的设计而言至关重要。企业进行的所有的营销活动，都是针对目标受众的，如果目标受众出现偏差，就会出现产品利润无法达到预期的情况。

2. 文化创意产品价格定位

市场上各种产品逐渐饱和，消费者在购买产品时一般会较为理智，都希望买到性价比较高的产品。但是目前的文化创意产品普遍因为存在情感溢价而导致价格超过普通产品的价格，因此，企业对于文化创意产品的价格定位就变得十分重要。价格定位指的就是企业根据产品的特点，将产品的价格确定在某一个区间之内。所以，产品的价格不能简单地分为高档、低档，而是要根据市场调查结果进行综合考量。

3. 文化创意产品功能定位

文化创意产品的功能定位并非是一个宏观的概念，而是要考虑到市场中某些具体的需求，因为一个产品的实用性也是衡量该产品在市场中是否受欢迎的重要因素。例如，当消费者想要购买雨伞时，会对产品的功能进行定位，有些消费者看重的是雨伞是否时尚，有些消费者看重的是雨伞的遮阳功能，有些消费者看重的是雨伞的实用功能。不同的消费者对于雨伞的功能有不同的需求，因此会形成不同的消费群体。企业需要针对不同的消费群体制订不同的营销策略，满足不同消费者的需求。

4. 文化创意产品质量定位

文化创意产品质量定位也被称为产品的品质定位，这种定位的方式所重视的是产品良好的质量，是根据产品的品质对其进行定位的，即消费者通过产品的品质而对产品产生购买需求和购买欲望，并且在自己的心里对该产品进行定位。文化创意产品质量定位在文化创意产品定位中非常重要，因为当消费者在购买一件产品时首先就会关注产品的质量。如果产品的质量不好，那么就会让消费者有一次糟糕的消费经历，从而对该产品甚至该品牌失去信任，这样不仅对消费者的经济造成了损失，而且会影响到消费者的心理。因此，企业在制作文化创意产品时应该追求产品质量的高标准，要让产品被消费者长期使用。但是有些产品属于"快消品"（快速消费品），企业在设计这类产品时则不需要对产品的质量精益求精，只要能够满足消费者的日常使用需求即可。

三、文化创意产品设计具体流程与管理

（一）文化创意产品设计具体流程

文化创意产品以市场需要为前提，进行产品开发立项，并根据设计和开发方案有计划地进行设计工作，确保开发进度、开发成本、开发质量能达到设计任务要求。

1.项目确立与制订项目工作计划

（1）项目确立

当文化创意设计团队或者个人设计师接到文化创意设计项目的时候，会有多种多样的项目形式，从总体上可以分为以下几种：创新性设计、改良型设计、概念性设计。无论是哪种设计项目，设计师都需要确立项目，同时签订项目合同，并且与发布项目的机构确定项目的完成时间以及最终完成的结果等。

（2）制订项目工作计划

文化创意产品的设计过程实际上就是解决设计问题的过程，对文化创意产品设计过程中遇到的问题提出解决方案，并且对已有的文化创意产品进行分析，最终得到一个对产品进行改良或者是重新创造的方案。在文化创意产品设计的开始阶段就需要制订一个详细的工作计划，要明确每个时间点的工作内容和工作结果，将整个设计过程的时间安排、内容进度以及制作过程制成一张详细的计划表。

2.项目调研与客户沟通

（1）项目调研

文化创意产品的设计需要以市场调查的结果为基础进行，市场调查也是每个设计师应该做的准备工作。在获得调查结果之后，企业需要开展项目讨论会议，对具体的设计准备工作和设计工作进行安排。每一个文化创意产品都会涉及受众需求、文化内容、材料成本、人工成本、审美取向、操作技术等一系列因素。设计团队或设计师需要对受众需求、文化内容、市场反馈、已有产品进行整理和分析，从而明确现阶段市场上受众的真正需求，最终设计出优秀的产品。

文化创意产品设计能否成功与消费者有着密切的关系。在设计之前，设计师必须科学有效地掌握相关信息和资料。市场调查包括设计背景调查、文化分析调查、竞争品牌调查、消费者调查，其中一个重要环节就是消费者调查。设计师站在消费者的角度对文化创意产品进行分析也是十分必要的。

（2）客户沟通

沟通指的是人与人之间相互分享信息的过程。而沟通还有一种定义，就是通过人与人之间相互分享信息，对对方的思想、决策、行为产生影响。在沟通的过程中，信息就是这个系统的需求。因此，想要获取需求，就要进行沟通，从而将系统需求的概念搭建出来，并且将系统需求的定义和理解进行统一，也就是系统应该做什么、不应该做什么。沟通的目的就是将信息通过听、说、写等方式传递给接受者。如何合理、高效地使用沟通技巧与客户进行沟通需要设计师或设计团队从多个方面进行改善。与客户沟通的方式通常有四种，即口头沟通、会议沟通、书面沟通以及演讲和报告。

3.设计思维导图与设计方向分析

无论是设计师的一种感觉、一种设计思想，还是与文化相关的一个数字、一种颜色、一行文字、一种食物、一段节奏等，都能够成为一个设计思想的中心，并以此中心为基础衍生出无数个节点。每一个节点都能够与中心思想相连接，而每一个节点又能够成为另一个中心，继续延伸出更多的节点，最终通过一个中心节点呈现出放射状的立体结构。这些中心和节点就是设计师的思想和记忆，这些思想和记忆以文字和图像的形式呈现出来，就如同人类的大脑连接着无数神经元。文化创意产品设计的数据库就是如此构成的。

（1）设计思维导图遵循的规则

①在纸的正中央用一个彩色图形或符号画思维导图。

②把写有主题的连线与中央图形连在一起。

③把线与线相连。

④用标准汉字。

⑤将标准汉字写在线条上。

⑥每条线上只能有一个关键词。

⑦在整个思维导图中都要使用色彩。

⑧在整个思维导图中都要使用图形。

⑨在整个思维导图中都要使用代码和符号。

（2）思维导图的绘制步骤

①素材

思维导图绘制素材是空白打印纸或其他白纸，可以用大一些的纸，如A3 大小的纸就能提供足够的空间用来记录各种细节。

②绘制形式

思维导图的分支通常是放射式层级结构，越重要的内容越靠近中心，由内向外逐渐扩展。

③专注关键词

关键词用正楷字来书写，以便阅读时辨识，同时通过想象帮助大脑将单词"图形化"。

④连线

连线与所写的关键词或所画的图形等长，保证每条连线都与前一条连线的末端衔接起来，并从中心向外扩散。

⑤增加颜色

人们生活在一个五彩缤纷的世界里，天生就喜欢色彩。在思维导图绘制过程中，与其用白纸黑笔写一些单调的文字，不如用水彩笔或彩色铅笔标注关键词，画不同的线条。往往一些小小的改变，可能触发人们的记忆。

⑥箭头和符号

当人们发现一个词出现在不同的分支上时，用一个箭头连接它们，这样记忆也随之连接了。

⑦利用感官技巧启发更多的记忆与灵感

任何经历都是人们所有感官体验的总和，所以，要在思维导图中加入文字、图片，以便唤起人们其他感官体验。

思维导图是一种非常有趣的、具有创造性的记录思维的方式。为了让思维导图更加有趣，让大脑处于兴奋状态，我们可以使用更多的感官技巧。学会制作思维导图的最大秘诀就是画思维导图，不断地画，关键还在于不断地应用，才能对设计产品有所帮助。

通过前期调查及思维导图绘制，设计师要把握问题的构成，以及明确问题的所在，将问题进行分解与分类。要认识问题，首先要明确问题的结构，分析问题的组成要素。文化创意产品设计一般应从产品、环境、消费者和社会文化四个方面展开分析，以明确设计方向。

4. 设计构思与设计表现

（1）设计构思

设计构思是指对既有设计问题做许多可能的解决方案的思考。一般来说，构思是在意象物态化之前的心理活动，是"眼中自然"转化为"心中自然"的过程，是心中意象逐渐明朗化的过程。在文化创意产品设计构思阶段，设计构思指的是计划、构想、设立方案，也含有意向、作图、制型的意思。设计师应该充分发挥创造性思维，想法越多，解决方案就越多。设计构思的过程往往是把较模糊的、不具体的形象加以明确和具体的过程。为保持思维的连贯性，设计师应及时把设计构思的内容展现在草图上。

没有设计构思，就谈不上设计；没有好的设计构思，就不可能产生好的设计。因此，研究设计构思对培养设计人员的基本素质，提高其设计水平有着积极的意义。设计构思在人们的生活和艺术创作中具有统筹和指导性意义。

（2）设计表现

文化创意产品是指通过设计师对文化的理解，将原生文化中某些元素进行提取，应用到设计中，将文化元素与产品本身的创意相结合，形成的一种新型文化创意产品。

根据符号学理论，文化创意产品的设计效果图作为一种符号，就必然具有符号学的一些特征。对于从事文化创意产品设计的设计师来讲，设计效果图是为了让客户能理解其设计思路，能记录自己的思维过程，能够和团队成员进行沟通合作，它是设计师与客户之间的"代表"，或者说是媒介。

设计表现分为设计草图、设计效果图两种。设计草图是设计师将抽象的设计概念变为具体的形象的创造性过程。在设计灵感闪现时，设计师利用草图迅速捕捉和记录设计灵感，草图中的设计形象往往不具体、不完整，但可继续启发设计师产生其他设计想法。这样在草图上展现的设计概念就越来越清晰、完整。设计效果图在设计草图的基础上进一步深化，从形态、功能、色彩、材质、工艺、结构等方面进行仿真体现，以求展现出较为现实的产品效果。设计效果图的表现方式可以是手绘，也可以是计算机绘制。设计效果图有利于客户直观地了解设计作品制作成成品后的效果，帮助客户进行决策。

①草图表现

铅笔草图。铅笔分为普通铅笔和彩色铅笔。普通铅笔草图可反复擦拭、修改，起着塑造形体和局部准确造型的作用；彩色铅笔草图在造型结构确定后，可以反复勾勒线条，通过其笔画的粗细、浓淡效果，表现文化创意产品的立体感。

马克笔草图。马克笔分为油性和水性两种。油性马克笔有较强的渗透力，色彩更加透明、鲜艳，尤其适合在描图纸（硫酸纸）上作图；水性马克笔的颜料可溶于水，通常用于在较紧密的卡纸或铜版纸上作画。

钢笔与针管笔草图。利用钢笔与针管笔画草图和美术绘画较为相似，其在表现事物的形态特征的同时，更加注重绘画的风格特色，表现了文化创意产品设计风格与绘画风格的统一。

电脑草图。电脑绘图是现在许多设计师更喜欢的一种绘制草图的方式，往往配合电脑外接手绘板，可以进行反复修改，能够达到与手绘效果图同样的效果。电脑绘制草图最大的优点在于其电子文件可随时保存与记录，便于与各部门、各软件系统连接，有利于完成下一步设计工作，提高了设计效率。

②效果图表现

文化创意产品的效果图分为手绘效果图和电脑效果图。手绘效果图主要以彩色铅笔、马克笔、色粉等多种工具的综合运用为主。电脑效果图是利用计算机辅助二维、三维软件进行设计，整体效果有手绘效果图所无法比拟的优势。

5. 样品制作

文化创意产品样品制作需要设计师综合考虑产品的成本、工艺、材料等要求，选择合适的两家或两家以上供应商，根据设计及产品呈现要求安排打样。设计师要随时跟进供应商，确保样品正确呈现和高效完成。在样品制作完成后，经审批最终确定样品以及详尽的产品信息等内容，之后批量生产。

材质在文化创意产品设计中占据着重要的地位，设计师必须熟悉文化创意产品所需要用到的材料的属性和作用，并选用最合适的材料。在选用材料时，设计师要考虑产品在功能、工艺、经济性、环保性等方面的要求。文化创意产品材料选用要遵循功能性原则、工艺性原则、经济性原则和环保性原则等。

（1）功能性原则

文化创意产品的功能性原则是设计人员在产品设计时需要首先考虑的。材料能否满足产品功能直接关系到产品的品质。这主要体现在产品的功能、造型、尺寸、可靠性、质量等方面对材料的要求上，以及产品某些特殊的功能属性要求，如防水、防尘、防震等方面的要求。这些都是设计师在选用产品材料时需要考虑的。

（2）工艺性原则

文化创意产品的工艺性原则主要体现在产品、工艺对材料的要求上。在产品设计过程中，设计师需要对产品的材料进行加工处理，以达到预想的效果。

产品工艺对材料本身也有着严格的要求，如机械加工、热处理、表面处理等方面对材料的要求。

（3）经济性原则

文化创意产品的经济性原则主要体现在材料价格、加工费用、材料利用率等影响生产成本的因素对材料的要求上。追求利益最大化的经济属性要求设计师尽可能降低生产成本，提高产品竞争力，提升产品的销售额和利润。如果可以，设计师要尽量用廉价材料代替价格相对昂贵的稀有材料。

（4）环保性原则

文化创意产品的环保性原则是企业和设计师都应自觉遵循的原则。设计师应该在文化创意产品设计中充分考虑其环保要求，尽可能选用无污染、利用率高、可回收的材料，促进产品可持续利用，提升人们的环保意识。

6. 产品产量

为确保新产品顺利进入量产阶段，设计师要能提供正确的、完整的技术文件资料及新产品的成熟度验证。设计单位自然需要做好对策分析与设计变更的准备，提供样品、技术相关文件资料及零件采购资料。同时要监督工程单位完成以下工作。

（1）接受新产品技术、产品特性及生产作业性评估。

（2）进程安排，包括生产线的评估、绘制工程流程图、草拟工程图。同时，工程单位还要负责治具的准备、制程管制、机器设备架设、参数设定及问题分析等。

（3）规划新产品的测试方法，准备测试设备、治具及软件，还要负责生产线测试设备的架设，以及提供测试计划与测试产出分析。

（4）制定新产品评审会议日程。

7. 包装设计

文化创意产品在进行市场营销活动之前必须进行包装设计，包装设计的成功与否直接关系到该产品在市场之中的销售情况。包装设计体现一个产品和品牌的理念，它能够将产品的特性、品牌的效应完美地呈现出来，对消费者的购买行为产生直接影响。设计师在设计包装的时候需要考虑如何将产品对于受众的亲和力建立起来。在全球化深入发展的今天，市场经济已经是一个整体，包装不仅能够对产品的使用价值和商品价值产生影响，而且能够对产品的生产、物流、销售等渠道产生影响。一个良好的包装设计不仅需要将产品进行保护，而且需要将产品的信息准确传递给受众，并且要保证在物流和产品使用方面有良好的便利性，从而刺激受众购买，提升销售量。包装作为一门综合性学科，具有商品和艺术的双重性。

8. 营销策划

文化创意产品营销策划直接决定着文化创意产品营销的成败。一个新产品在推向市场时，撰写产品营销策划书是必不可少的。文化创意产品市场消费行为实际上是一种情感运作，消费者对文化创意产品的消费行为是一种文化情景的情愫发酵。当消费者购买地方特色文化创意产品时，相当于将当地的人文背景带回家，因此，文化创意产品的价值就在于它背后的故事。这里要强调的是，文化创意产品应该具备诱发这些情愫的元素。

如果文化创意产品在外观、材质或技法上的特征不明显，可通过企业的品牌形象或包装手法来实现。这里的包装是指文化创意产品的营销包装，如参与公益活动、特色活动的事件加持，就需要研究消费者的心理活动、购买行为以及购买决策等，接下来将分析消费者方面的因素。

（1）心理价值比较

消费者在选购文化创意产品时会对产品所带来的意蕴进行比较，如品牌价值，或是产品本身的故事，消费者都会用来做综合的价值比较。也就是说，如果产品不具备品牌价值，没有衍生故事，没有设计理念和价值观等的清楚传达，那么就无法激发消费者的购买动机。当然，如果产品品牌深度不够，就成了可买可不买的产品。购买文化创意产品是一种心理层面的消费行为，如果产品无法在这方面创造价值，在市场上就几乎没有竞争力。

（2）个性化塑造

文化创意市场讲究的是人文、文化与创意。文化创意产品必须具备独一无二的个性。文化创意产品的个性是指能够与消费者心理层面沟通的个性，这个个性是需要特别去塑造的，在创意上发挥的空间非常大。

（3）消费动机

口碑营销一直是消费行为中非常重要的一环，尤其在目前互联网消费的大浪潮中，更是激发了群体的购买动机。文化创意产品是一种心理价值的消费对象，一旦这种心理价值的影响力及传播性增强，必定会在消费者群体中创造更大的反响。

（4）消费趋势

当前，有一种追求时尚的新消费趋势正蔓延开来，其动机不在于民生需求，也不在于物质享受，而在于思想认同。文化创意产品在这方面更是发挥了作用。

（5）消费者体验

普通产品大部分是用来满足消费者预期的需求的，而文化创意产品则是走进消费者的心里，让消费者在第一次接触及使用过程中就感受到惊喜与感动。这种以创造体验价值为导向的产品，更能够让消费者产生认同感，从而为商家创造更多的商机。

9.市场反馈与再设计

文化创意产品投入目标市场后，根据市场的信息反馈，企业需要对重大问题组织召开专题讨论会，组织人员落实产品的改进与升级工作，对产品进行进一步设计与优化，并且要妥善、及时、有效地处理消费者的反馈意见，不断提高产品质量，提高消费者满意度和产品竞争力。

（二）文化创意产品设计流程管理

文化创意产品的设计已不再是几个设计师单独完成的事情，而是产品定位、工程设计、材料选择、模具打样、市场管理等各方面的相互配合、各领域的对接以及彼此互动。严格、高效的文化创意产品设计流程管理可以给企业带来巨大的收益，其中包括提高产品质量、改善客户服务、缩减时滞、减少成本、减少纸面作业、空间需求最小化、压缩管理层、提高应变能力、提高员工士气等。明确、清晰的管理流程能够帮助企业解决很多在管理运作过程中遇到的问题。文化创意产品设计流程管理可以保证项目顺利进行，使企业少走弯路，从而确保项目利益和质量。文化创意产品设计流程主要分为系统化、标准化、模块化、流程化四种管理模式，分别反映在设计定位、创意过程、样品生产、营销反馈四个管理环节中。

第四节 新媒体环境下文创产品传播媒介

一、新媒体营销传播

新媒体营销传播指的是企业以数字技术为依托进行的传播管理。随着科学技术的发展，数字技术的成熟为传播创造了新的环境，与此同时，数字化技术还为企业提供了解决营销传播问题的新方向。简单来说，新媒体营销传播指的就是企业运用新媒体平台进行各种各样的营销活动，如使用新媒体平台作为信息的传播渠道，将企业相关的营销信息传递给受众等一系列营销活动。

二、新媒体时代营销传播的创新特征

（一）多元化、复合式的传播接触点

在新媒体时代，企业要想进行营销传播，则需要利用新的传播平台。随着数字技术的飞速发展，人们已经进入移动互联网时代，数字技术与移动互联网技术的飞速发展使现在的传播媒介和终端变得智能化和多元化。无论是手机、电脑、电视还是户外显示屏，都能够通过互联网将多样化的复合平台作为传播的媒介，这些平台也是企业的进行营销传播的重要接触点。这些传播的接触点并不是只能起到信息中介的作用，其还能够将企业、产品和受众进行连接，使三者进行交流，使受众自身成为一个超级连接者。传播接触的多元化与复合式不仅能够帮助企业在最短的时间内了解到受众的需求变化，而且能够以传播目标为基础，帮助企业设计高效的营销传播方案，提升企业的传播效率。

（二）信任化、互动化的传播关系

企业需要在营销传播活动过程中处理的关键问题是将自身与受众之间的信任关系建立起来，而想要建立企业与消费者之间的信任关系，就需要加强双方的交流。企业可以依托互联网和多个新媒体平台进行信息的发布与互动，消费者可以在互联网上提出自己的需求，企业与消费者之间不再有距离感，企业能够与消费者进行及时的交流与沟通，将自己设计产品的理念与文化传递给社会和消费者。

（三）多样化、独特化的传播内容

在新媒体时代的营销传播过程中，传播关系发生了变化，传播的信息内容也在伴随着媒介技术的发展而不断变化。第一，传播内容类型的变化。现阶段，大众已经开始适应移动互联网所带来的便利性，移动终端设备不仅能够传递文字、图片，而且能够传递视频、文件、实时位置等信息内容，企业可以依托于这种传播内容的变化进行营销策略的调整。第二，传播内容的展现方式独特化。随着移动互联网技术的成熟，其出现了许多新的功能，如使用语音进行信息的搜索，移动终端的"摇一摇"功能等，企业将这些功能不断进行优化，能够给予消费者更好的体验。另外，在新媒体时代，企业在进行营销传播时，传递的信息内容需要更加贴合消费者的需求，更加有趣、有看点，并且要能够及时进行调整和完善。

三、文化创意产业与媒介的关系

伴随着经济全球化的逐渐深入，文化创意产业的分工和合作已经非常成熟，许多国际性企业已经能够进行大规模生产。特别是在目前的市场上，受众面对着琳琅满目的产品往往会陷入选择困难的境地，并且产品更新换代的速度越来越快，传播媒介的传播效率也越来越高，这就意味着企业如果想要在市场中使自己的产品占据一席之地，就需要生产出十分优秀的产品。媒介已经成为人类生活中不可缺少的一部分，它处在人们生活中的每个角落，对人们的生产、生活产生了新的影响。与此同时，媒介也是构成文化创意产业的重要组成部分。

（一）电影与媒介传播

电影是文化创意产业之中非常重要的一部分，它要求电影制作人不断进行创新，满足市场和受众的精神需求。在电影生产和发展的过程中，媒介所产生的促进作用体现在每个环节中。随着社会的发展，现代的物质资源越来越丰富，大众对于产品的选择需求变得越来越多元化，越来越追求个性化的艺术与审美，而电影便恰恰符合了这个时代需求。现代科技的发展使信息技术、传播技术、自动化技术以及激光技术得到飞速的提升，也使人们将这些技术应用在各个领域之中，给现代的文化活动带来了影响。电影在诞生之初就是象征着科技进步的产品，而现代的电影更是需要高科技给予支持才能够将电影的效果呈现出来。因此，现代中国电影的发展需要依靠高科技技术和网络数字化技术，并将现代高科技发展作为基础，将数字化、影视化、图像化进行整合，最终实现综合性开发和营销。

（二）广告与媒介传播

广告产业的发展也体现出了文化创意产业与媒介之间相互作用和互惠互利的关系。媒介的功能在广告产业之中越来越能体现出组合化、人性化、高科技化的现代特征，文化创意产业与媒介在广告制作过程中形成了统一，这两者之间的关系在广告效果上有集中的体现。

（三）手机报纸与媒介传播

印刷媒介是古老的媒介，但是随着现代通信技术尤其是互联网的飞速发展，人们开始担心传统报纸将逐渐消亡。手机报纸是传统报纸与移动产业相结合的产物，传统报纸在现代的创新物——手机报纸现在已经在很大程度上投入了商业运营。手机报纸的发展具有创新性的意义。传统媒体在文化内容形式、体制机制、传播手段方面的创新，将解放和发展文化生产力，实现文化的创新繁荣。

四、文化创意产品与媒介融合的创新传播

随着时代的进步，互联网技术和新媒体技术已经十分成熟，成为大众生活的一部分，是现代社会中用来传播文化信息的主要载体。许多新的传播方式，如移动新媒体等传播方式已经相继出现并逐渐成为主流的传播方式与传播工具。这对于传统传播行业产生了巨大的影响。因此，在新媒体背景下，文化创意产品的传播策略、载体以及范围都发生了巨大的变化。

（一）表达形式的融合

以往的那些平面、静止、单向的信息内容因为互联网技术的成熟、多媒体技术的应用开始转向立体化、跨媒体、交互的形式，也正是这种转变将图像、

文字、声音等元素从以往不同的表现形式转变为统一的表现形式。文化创意产品涉及的行业越来越多，以往的那些娱乐行业也包括在内，如动漫、影视、游戏等行业。互联网还能够将受众与设计者连接在一起，使他们彼此之间相互沟通，让文化创意产品的设计者能够收到受众对于图像、文字、声音等文化创意产品内容表现的真实反馈，以此确认受众的真实需求。

（二）创造主体的变化

互联网平台独有的平等性与自由性让每个使用网络的人都能成为内容的创造者，而出版的效率也因为自主出版系统和按需印刷等技术的日益成熟变得越来越高。在现代社会，传媒、出版、信息技术因为数字内容的融合而变得相互作用，却又彼此竞争，也因此改变了"出版主体"这一个区分行业资质的传统。此外，互联网技术的成熟还为大规模协作创造出了可能性，彻底颠覆了以个体或团队创造为主的传统内容创造方式。

五、文化创意产品的影视媒介传播

（一）影视文化创意产业的基本内涵

影视文化创意产业包括了电影行业、电视行业、广播行业、网络行业、计算机视频行业、观光旅游行业等许多行业，并且与音乐行业、出版行业、服装行业、电子行业有着紧密的联系。因此，影视文化创意产业在文化创意产业中是核心产业，处于龙头的位置，同时也是文化创意产业之中最复杂、最活跃的产业。

1.创意

影视文化创意产业中最关键的就是创意，如果创意不足以支撑产品，那么影视文化创意产业就是无本之木。创意是一个概念，它本身具备了广泛的应用性、不确定性、多意义性以及矛盾性。在现在社会中的每个行业、每个领域之中，那些具备原创性、特殊性的理念和技能都可以被称为创意。

（1）从创意的定义来看

一般认为，创意是人类创造性思维的产物，是一种奇妙的灵感与思维过程的结果，是人类智慧的高级体现。

（2）从创意的产生来看

很多创意的产生都是个人的突发奇想或者一瞬间的灵感，因此，大多数创意十分个人化、感性化、奇妙化，具备明显的独特性，并不适合进行大范围的推广；并且创意者受到社会、文化、政治等因素影响较大，不具备普遍性。影视文化创意的重点在于对创意的表达过程，如各种风格的影视剧。表达影视文化创意的关键就是要将创意者的理想、观念、灵感、情感以及人为的表达符号整合为一个具有创造性的活动，特别是电影这种将图像、声音与文字融合在一起的综合性艺术。在影视文化创意中将各个元素融合的过程是难以用语言描绘的，这与创意者的原创能力有关。

（3）从创意的生产来看

创意经常会被用来对那些有着显著个人风格、突然性想法或灵感的表达进行诠释，人类无意间的灵感是一瞬间的、无迹可寻的、神秘的，是一种与生俱来的天赋，因此，创意是人类独有的特性。随着社会的发展，工业化社会已经进入后期，社会的合作与分工越来越细致，创意的个人化与神秘性所受到的重视越来越少，人们已经开始重视社会分工与协作的复杂性。在影视文化创意产业发展的早期，创作者与导演的创意和个人化风格起着决定性的作用，但是伴随着影视文化创意产业发展的成熟，影视文化创意产业的生产方式发生了巨大的改变，开始由个人生产方式变成集体智慧的集合。

2.艺术

人类从古至今创造出了许多的艺术形式，如音乐、舞蹈、文学、美术、建筑、影视等。影视文化创意产业的艺术文化、大众传媒文化在娱乐休闲文化之中占据着龙头的位置。在文化创意语境之下，影视文化创意产业的艺术与以下两个方面有关。

（1）影视文化创意的生产力问题

当涉及影视文化创意的生产力这个问题时，我们需要考虑到人的想象力和情感两方面因素，因为任何影视文化创意产品都是以人丰富的想象力与多层次的复杂情感为基础进行创作的，但是也会有呈现出的内容并非创作者所想的遗憾，这点不仅与创作者的创作经验、创作方式等方面有关，而且与创作者对技术的掌握和运用有关。再深入一些，创作者的思想、情感、理念、艺术内涵和创作技能对影视文化创意的生产力有直接的影响，这个创作者所拥有的元素又与社会背景和时代背景有关。

（2）影视文化创意产品的影响力问题

影视文化创意产品并不只是一个艺术品，对于市场和受众而言，它更是消费品和娱乐品。因此，从这个层面上来说，影视文化创意产品并不是单纯的艺术品，也不是全部具有高深的艺术内涵，而是应该具有广阔的影响范围、积极正确的影响力，融合了艺术品、消费品与娱乐产品的混合体。因此，影视文化创意产品具备了真实性、幻想性、具象性相互交叉的特点。影视文化创意产品是一个艺术、商业、个人化、大众化交融之后的复杂产物，是一种复合性文化。所以，影视文化创意产品具有艺术性、教化性、娱乐性、商业性等多重属性，其对社会影响的双面性也是极为明显的，既有正面的、积极的、健康的和富有建设性的一面，又有负面的、消极的、不良的和具有破坏性的一面。

（二）影视文化创意产品的特点和影视文化创意产业的地位

无论是从文化发展层面还是从国家发展战略层面来看，发展影视文化创意产业都已作为一个重要的任务被提上日程。当前，我国影视文化创意产业发展正经历着种种挑战，但也面临着种种机遇，包括来自体制层面、产业层面、社会层面等方面的机遇。发展影视文化创意产业，既是国家文化软实力提高的必由之路，又是推动我国文化创意产业大发展、大繁荣的必然要求。

1. 文化软实力及其重要性

文化软实力在现代已经成为社会发展的精神动力、思想保证与智力基础，是民族凝聚力和创造力的基础，也是各个国家提升自身实力的关键要素。我国的文化软实力提升是实现中华民族伟大复兴的关键。实现中华民族的伟大复兴必然伴随中华文化的繁荣兴盛，而繁荣兴盛中华文化必然以提升我国文化软实力为根本途径。近年来，我国文化软实力建设取得了长足的进步，主要表现在：文化体制改革长足进步、文化产业迅速发展、传统文化得到发扬、对外文化传播成效显著、区域文化软实力显著增强。

2 影视文化创意产品的基本特点

影视文化创意属于文化创意的一部分，这种创意生产的是影视文化创意产品，传播了一定的社会文化价值，会对整个社会的精神文化状况产生影响，因此，影视文化创意产品属于文化创意产品的范畴。影视文化创意在整个文化创意之中又具有一定的特殊性。我们从影视文化创意与文化创意的关系探讨中，归纳影视文化创意产品的基本特点。

我们可以从影视文化创意产品的载体，即影视文化创意产品在文化创意活动中的特殊性来考察影视文化创意产品。

（1）便利的复制性

影视文化创意生产的是精神性的影视文化创意产品，相较其他文化创意产品，如报纸、杂志等，更容易被复制。从复制时间的角度上讲，影视文化创意产品的复制瞬间就能完成。随着科技的发展，尤其是数字技术的应用，影视文化创意产品的复制显得更加轻松、简单、快捷。从复制空间的角度上讲，影视文化创意产品复制的成本相对较低。不同于多数有形的文化创意产品，影视文化创意产品在一定程度上可被无限复制，而且不占用太多的空间，尤其是现在云计算技术的应用，使影视文化创意产品的存储空间越来越大。

（2）较高的艺术性

影视文化创意产品具有视听兼备、及时鲜活等特征，对受众具有强烈的艺术感染力。影视文化创意产品的艺术性来自影视文化创意产品所塑造的艺术形象，它寄托了创作者真挚的情感、崇高的审美，蕴含了创作者对社会、生活、人生、世界的思考和体会。观众之所以对影视文化创意产品所创造的世界有所感悟，甚至是感动，更有甚者是感同身受，就是因为观众在影视文化创意产品的艺术世界中找到了共鸣。影视艺术作为人类较为年轻的艺术形式，除了具有一切艺术所共有的特性之外，还具有自己独特的个性，如独特的视听综合特性、强大的艺术整合能力。其综合性可以通过一部影视作品涵盖目前人类所有的艺术形式，如一部电影，可涉及文学、美术、音乐、摄影、建筑、绘画等多种艺术形式，是名副其实的综合性艺术。

（3）广泛的社会影响力

影视文化创意产品是一种大众传播的文化创意产品，拥有一般文化创意产品难以企及的受众范围及消费人群。它蕴含着强烈的文化传播力量，会对社会产生广泛的影响。一部影视文化创意产品经过迅速传播，可能演变为一种文化现象，成为一个社会热点，带动一股社会潮流。

3.影视文化创意产业在文化创意产业中处于龙头地位

关于影视文化创意产业在文化创意产业中的地位问题，我们能够在产业论方面，也就是影视文化创意产业对于整个文化创意产业的重要性方面进行解答。在整个文化创意产业之中，如果根据国家单位进行划分，可以分为国家统计局、广播电视总局等政府单位，这种划分方式可以分为三个层面。第一，文化产业的核心层。在这个层面中有广播电视电影服务、新闻服务、出版和版权服务、文化艺术服务等，可以看出该层面都是以开发文化内容为重点的；第二，文化产业的外层。该层面包括网络文化服务、文化休闲娱乐服务、其他文化服务，以提供文化服务为重点；第三，文化相关层面。该层面包括文化用品、设备以及与产品相关的生产与销售活动，以制造和营销文化创意产品为重点。可以看出，影视文化创意产业直接相关影视文化创意产品，在文化创意产业中居于龙头地位。

六、文化创意产品的博物馆媒介传播

（一）博物馆文化创意产品开发的缘起

博物馆文化创意产品是以博物馆资源本身所蕴含的文化历史意蕴为元素，通过创意设计开发的具有文化性与创意性的产品。

1.博物馆自身发展的需要

21世纪，博物馆面对的竞争压力日益增加，不仅仅是与其他博物馆之间的竞争压力，更多的是对经费进行争取的压力。随着博物馆数量的增加，越来越多的博物馆选择免费开放，这使博物馆一下得到大众的关注，因此，博物馆也多了一层承担社会责任的压力。但是目前大多数博物馆的运营经费并不足以解决它们遇到的问题，这些问题迫使博物馆寻找新的经济来源渠道。因此，文化创意产品的设计与创作就成为解决博物馆遇到的问题的有效方式，并成为促进博物馆创新发展的重要因素。

2. 文化创意产业发展的要求

文化创意产业发展对市场经济发展的推动作用越来越显著，各个国家对于促进文化创意产业的发展也出台了各项政策。为了推动文化创意产业的发展，许多国家对于博物馆的运营也加大了投入力度。

（二）博物馆文化创意产品开发的实现途径

博物馆文化创意产品的开发途径有以下两种：博物馆自行开发、博物馆与其他企业合作开发。

1. 博物馆自行开发

博物馆自行开发文化创意产品指的是博物馆完全自主地对文化创意产品进行研发，从最开始的挖掘资料到后来的选择项目、整理文化内涵，到最后的产品设计，都是由博物馆中的专家以及设计师进行创作的。这种开发模式是最能够将博物馆藏品的文化价值以及博物馆的理念体现出来的模式。博物馆的文化创意产品与市场中的普通产品有很大的区别，因为文化创意市场的变化性与文化创意产品的创作核心变化性，每一个被研发出的新产品都有可能不被市场和大众认可，新的文化创意产品的开发还会对博物馆的盈利和营销策略产生影响。因此，我们对于博物馆自行开发的模式和流程需要进行更多的研究与优化。

2. 博物馆与其他企业合作开发

由于博物馆内部的专家、设计人员和技术人员在创作一些文化创意产品时会出现能力不足的情况，因此，博物馆选择了与其他企业进行共同创作的新路径。博物馆与其他企业合作开发指的是博物馆与企业或其他设计团队进行合作之后，凭借已经成功的品牌效应相互作用，给予大众和市场更强的品牌信赖感，同时还能够帮助品牌扩大目标受众群体，让企业的品牌与博物馆文化创意产品能够同时获得盈利，并且提升自身在市场中的价值。在一般情况下，博物馆在选择合作的对象时会优先选择能够进行国际营销的企业或制造商。博物馆授权合作开发通常分为几种形式：文化创意产品的设计授权、文化创意产品的制作授权、文化创意产品的图像授权、文化创意产品的出版物授权、文化创意产品系列的品牌授权。

七、文化创意产品的纸媒介传播

（一）纸媒的创意设计

作为文化创意产业的一个重要载体和形式，纸媒也面临着难得的历史发展机遇。

传统纸媒指的是报纸、杂志等载体为纸张的媒体。但是，随着社会的发展、科技的进步以及互联网产业的飞速发展，电子门户和电子平台已经在人们的生活中十分常见。这种电子网络信息的快速流通性使大众可以在最短的时间内获取最新的信息，对于传统的纸媒行业产生了巨大的冲击。因此，纸媒在此情况下要想继续发展，就需要转型，不断寻求突破。

1. 创意设计是纸媒变革的时代要求

创意设计指的是将设计师或设计团队对产品的规划、计划以及想法进行不断深入与拓展，再使用各种视觉形式将其表现出来的活动过程。其中，创意是灵魂，设计是目的。创意设计包括工业设计、建筑设计、包装设计、平面设计、服装设计等许多方面。创意设计除了具备了初级设计和次级设计的因素外，还需要加入与众不同的设计理念——创意。

2. 纸媒版式设计要敢于打破传统束缚

出版物的版式设计是一个系统而完整的过程，不仅包括封面设计，而且包括文字版面内的图片设计、插图设计、文字标题设计、文字的结构设计以及出版物颜色设计等。

出版物的版式设计目的是传递给受众信息，那么设计师需要怎样设计才能够用更加合理、科学、吸引人的视觉形式来整合、传递信息呢？这就需要设计师在设计的过程中思考许多复杂的元素，从而找到视觉形式和出版内容的平衡点。

（二）图书出版的文化创意思路

图书出版的文化创意是与市场经济密切相关的，图书出版需要在市场经济的背景下遵守诸多市场规则。但是市场经济是不确定的、多变的、优胜劣汰的，这就需要图书出版的文化创意本身能够不断创新。

图书出版的文化创意需要具备政治的敏锐性，必须要符合国家制定的法律法规，否则再好的文化创意也会变得毫无意义。

图书出版的文化创意需要具备娱乐性。图书出版的目的是传递知识与信息。图书是传播思想的载体，图书的内容需要具备积极向上的精神和带有一定的教育意义。图书的内容表现形式需要图文结合，文字要通俗易懂，还需要具备一定的抽象意义，图片需要将文字形象化地呈现出来。文字与图画的结合使图书出版更具娱乐性，活跃了人民群众的精神文化生活。

图书出版的文化创意需要有典籍性。广播电视传递的信息是瞬间的，报纸杂志所传递的信息也是不能持久的，只有书籍能够广泛流传，永久收藏。书籍虽然是最简单的获取知识的途径，却是最普遍的，通过书籍获取知识不需要借助其他手段。

八、文化创意产品的网络媒介传播

（一）互联网思维下的文化创意营销

现如今，人们所生活的时代已经进入互联网时代。在这个时代中，科技飞速发展，无数的高科技产品和新技术涌现，将人们以往的生活方式与思想观念逐一打破，涌现出的新技术会很快渗透到人们的生活之中，成为人们工作、生活中重要的一部分。

信息的传播与文化创意营销在时代的影响下处于变革的关键时期，身处在这个时代中的人们也成为这场新媒体变革的参与者与见证者，文化创意营销在互联网的背景下快速更新、发展并展现出其特有的魅力。

1.信息变革时代的受众环境

在我国，随着智能手机的普及，移动媒介已经成为人们最佳的工具，电商行业也在互联网的基础上发展出电商金融的概念，对传统的银行业产生了一定的影响。

如今我们已经进入信息的时代，文化创意产业所面对的不再是接受传统媒介传播方式的人们，而是成长在互联网时代的新一代，这些在互联网中成长的一代人大多为当前消费的中坚力量。伴随着无线互联网技术、智能手机技术的不断发展与普及，移动端的传播业务已经出现了激烈竞争的情况。受众群体的变化代表着消费方式也在发生变化，因此，信息传播方式也需要随之变化。

2.互联网思维下的文化营销

如今，人们可以从互联网世界中的文化营销实践来管窥社会与时代发生的变化。现代的市场营销在互联网思维的影响下已经不再同工业革命时期的社会变革一样，每一步都要遵循机器的使用步骤，而是呈现出迅速发展的状态。如在互联网思维的影响下，餐饮行业、出租车行业、唱片行业已经发生了巨大的变化，影视行业、旅游行业、教育行业等也在互联网思维的影响下正在发生变化。

（二）"互联网+"背景下我国文化创意产品的传播

我国实施的文化"走出去"战略让自身在国际上的地位和竞争力不断提高。从我国文化创意产品的进出口贸易来看，我们能够发现由于我国的进出口贸易额不断提升，我国国内的文化创意产品供给、创新、销售等市场活动也随之得到了飞速的发展。

1.我国文化创意产品"走出去"的价值链转移

随着全球化的深入发展，目前国际上的文化贸易已经不再是货币贸易，而是转变成服务贸易，而服务贸易又可以发展成为投资贸易、技术贸易、合作研发、信息共享等。因此，一个国家的对外贸易已经由简单的文化创意产品贸易转变成以创意全球化、生产全球化、金融全球化、营销全球化为基础的在文化创意产品内进行分工的全球价值链。文化创意产品"走出去"意味着参与全球价值链分工或者建构自己主导的全球价值链。我国的文化创意产品要想真正实现"走出去"，就需要融合多元文化，引领全球主流文化。因此，我国的文化创意产品开发需要能够对世界上的多元文化进行整理和重组，找到一条能够提升全球价值链的道路，建构自己的全球价值链。显而易见，"互联网+"给我们提供了这样一个重大契机。

互联网已经成为一种大众生活中不可缺少的部分，能够直接对大众文化产生巨大的影响。我国的互联网在飞速发展的过程中也推动着市场经济结构的改变。互联网渗透在大众生活中的每个角落，对大众的生活方式产生着潜移默化的影响，从最开始的信息获取和娱乐需求的个性化应用发展成为在各个领域中都需要的重要元素。因此，互联网是我国能够在国际市场中保持核心竞争力的关键之一。

2. 我国文化创意产品"走出去"的全球价值链策略

（1）强化人工智能创意

文化创意产品需要企业在多个国家或者地区进行二次创意和二次加工，创造出一个以消费者为动力的创意体系。

伴随着智能技术应用的成熟，新的生产模式是以数据作为内驱力的，文化创意体系在不同的地区和不同的环节会有不同的形态。在以往的传统生产模式中，创意所带来的灵感会转换成产品，也就是文化创意产品的创作环节，之后再由企业进行深入开发、包装、营销等一系列的行为将文化创意产品转变为大众文化创意产品，这是文化创意形成品牌的环节，然后文化创意产品通过各种媒介向社会和大众进行传播，这是文化创意产品的传播环节，之后便是市场交易行为的发生，最后是消费者将使用感受反馈给企业。通过人工智能技术，上述的整体流程发生了颠倒，"消费引导生产，意义领先价值"使受众在还没有对产品产生需求时，人工智能就能够凭借其对市场、受众的分析与深入挖掘，洞察到适合受众的服务并推送给受众。人工智能对受众进行及时的分析、挖掘、整理之后可以进行价值的交换和文化创意产品的生产，受众作为内驱力推动着整个人工智能系统的运行。这个系统可以是区域价值网，也可以是全球价值网。

（2）建构价值链战略环节

文化创意产品的生产模式已经发生了变化，由"需要—实体—价值"变成了"意义—价值—实体"，创意流所发生的变化与不同的环境和不同的环节有直接的关系，从而增加了价值链的价值。价值链的增值发生在哪个环节，主要是受到企业的产品和创意能力的影响。

无论是文化创意产品还是服务，在"互联网＋"的背景下都会发生市场供需关系的转变。传统的市场资源的配置是依靠市场的价值规律进行的，涉及具体的资源流动就无法精准地显示出来，但是在"互联网＋"背景下，依靠人工智能的分析与演算，能够对市场中的个性供需的关系、宏观发展的趋势进行计算，因此，如何进行数据分析，通过技术手段低成本地实现信息和个性化定制需求的智能化匹配，是文化创意企业市场战略的重要构成部分。

第五章 传统文化和文创产品设计的关系

第一节 提炼文化内涵的设计

文创产品的独特之处在于产品的情感化设计，消费者在购买文创产品时得到的不仅是商品，而且是商品背后的文化意义与独特的情怀。我国历史文化悠久、底蕴深厚，应充分挖掘其文化内涵，让文创产品成为集物质需求与精神需求为一体的文化载体，使其代表一种文化，表明一种态度。当今，在互联网的环境中，文创产品在版型产品和复制型产品的基础上开发了游戏、历史人物卡通形象等电子产品，以及应用程序等软件系统。另外，受众广而形式轻松愉快的网络游戏也是文创产品的一种有效的表现形式。

一、传统艺术

非物质文化遗产中的绘画艺术、雕刻艺术以及传统音乐能够生动地体现我国独特的文化背景、文化创造力以及大众的审美情趣。我国拥有着大量的传统艺术素材，可以从中提取相关的元素并进行创造，形成独特的文化知识产权，将有助于后续文创产品的设计。

二、传统技艺

我国是历史悠久和文化灿烂的多民族国家，手工艺品具有独特的东方艺术魅力。几千年来出现许多精彩纷呈的手工艺品，从剪纸、年画、传统榫卯制造技艺到织绣布艺，再到雕刻、雕塑、陶瓷、漆器等。精美的手工艺品与浓郁的地域特色、淳朴的民风民俗和丰富的人文情怀息息相关，无不渗透着五千年文明古国深厚的文化底蕴。传统手工艺大体可以分为画、雕、染、编、绣这几大类。这些传统的手工技艺展现的是中国数千年来人民的智慧结晶，也是中国传递给世界的特殊名片。

例如榫卯制造技艺，以十二生肖 IP 为例，每一种生肖都有着丰富的历史传说，都可以作为一个 IP 形象，人们也通常把它们比作是吉祥的象征。历史上也留下了大量描绘生肖形象和象征意义的诗歌、春联、绘画、书画和民间工艺作品。以十二生肖为核心 IP，并结合中国优秀的传统手工艺榫卯制造技艺，将十二生肖的抽象表情用榫卯结构代替，充分发挥榫卯结构的可拆卸性能，拼成了一系列桌面收纳产品，便于运输，同时也能增加桌面的趣味性。

第二节 传统文化与文创产品融合的创新方式

一、地域文化与文创产品设计

地域特色是自然景观和人文景观相互结合的文化统一体，是地区对外展示的景观名片，能反映地域长时间形成的自然因素和人文景观。而在将地域特色文化作为内涵的文创产品设计中，最重要的是能够清晰地展示出地域特征。

基于文化内容设计在地域特色的文创设计当中，多从确认文化对象开始，列举出具有代表性的地域文化内容，并按照一定的评分标准对于各个文化内容进行评级，从结果中选择合适的内容作为设计对象。根据选定的文化内容的精神气质、造型特点等方面特质，提炼出具有典型特征并且有着较强形式感的视觉元素。选定能与视觉符号相契合，能通过视觉符号展示其功能性的产品载体，将其与视觉符号相结合，产出具有强烈地域特征的文创产品，达到地域性与实用性的统一。

将文化内容作为设计元素与产品载体相结合，是对地域 IP 形象的有力宣传。对于当前地区的消费者而言，熟悉的文化元素将作为以其联系的锚点。而对于其他地区的消费者，文创产品作为地域的名片，能有效增强地域的认知度。

基于情感化需求设计文创产品的价值核心是其与消费者之间的情感共鸣，文创设计本身便是传递感情的途径。沟通是其内在属性中首要的特点，基于情感化需求的地域文创设计是提取有着地域代表的生活片段，并将其与产品相结合，通过产品来讲述故事，构建与用户的情感联系。

地域文化跨界整合对于本地人而言，文化形象早已深入人心，需要有新鲜的元素使其年轻化，以此获得更大的用户群体。对于非本地人而言，通过联动使得不同地域文化之间产生沟通联系，通过用户与当地文化的情感联系引入一个全新的地域文化，令对于本地域缺少了解的用户也可产生了解的兴趣，亦可促进当地文创发展，以此达成一个良好的循环。

二、传统物质文化与文创产品设计

物质文化是有形的，如园林建筑、景观、服饰、历史文物等实质性物体。随着旅游业的发展，各地的历史建筑已经成为文化创意产品设计的重要创意来源。

中国江南地区的园林历史文化深厚，接待了无数中外游客，具有众多可塑的文化元素。然而，在江南的众多园林景区中，所售卖的很多文化创意产品缺少自身特色和文化传承，衍生产品形式单一，缺少创新。

以苏州拙政园为例，其文化也可分为物质文化和非物质文化两个方面。文化创意产品设计作为传播中国传统文化的方式之一，也是继承和发展地域文化的主要手段。在进行文化元素选择的时候，设计者考虑到拙政园是四大园林之一的属性，文化元素最值得从园林文化内容主题中提取，融入文化创意产品中的典型文化元素无疑是园林中的建筑元素，这是最能够体现这一地区独有的精神风貌和地域特色的文化元素。在此基础上，文化创意产品的设计还可以跳出园林文化内容主题文化创意产品中常见的载体，如明信片等，选择其他形式，让文化创意产品不仅具有同明信片一样的装饰性，而且具有功能性。

一些设计者的创意来源于花窗和中国画中的创作手法——留白，利用花窗的镂空形式设计了一组木器灯具文化创意产品，搭配放置在台灯一侧的是亚克力小容器。用户既可以在小容器中栽种迷你植物，也可把它当作收纳盒，让用户在体验动手创作的同时延续花窗在园林中的空间感，透过花窗仿佛身临其境地看到了园林里的花草树木，同系列的夜灯增加了用户的购物选择。一些设计者是从苏州园林的众多建筑元素中挑选了具有代表性的月洞门、花窗等进行图形的提炼，以提炼后的基本图形进行收纳盒的设计，以榉木和黄铜为材料，形成质感的对比。随四季物候的变化，用户可以放置办公用品、首饰等不同物品，突出其实用性。

此外，苏州园林中的飞檐翘角也是中国园林建筑艺术的重要表现部分，其外观多呈现曲线或曲面，造型多变，或端庄，或轻盈。其色彩和皇家园林建筑金碧辉煌的色彩形成强烈的对比，在大片白粉墙的映衬下，黑灰色的小青瓦屋顶、栗色或深灰色的木梁架，给人带来淡雅、幽静的感觉。设计者选取留园里的三个具有特色的屋顶作为书签设计的文化元素。书签的银色金属部分和黑色釉料填色部分共同打造出江南园林粉墙黛瓦的特征。书签下端加上从园林木质结构中提炼出的图形，使整套文化创意产品形成统一且各具特色的效果。

江南园林是中华民族优秀的文化遗产，如何让园林文化"鲜活""灵动"起来，园林主题的文化创意产品可起到重要的作用。它们将为园林文化的影响力提升增添动力，使园林不再只是矗立不动的千年宅院。

源于物质文化的文化创意产品的设计难度并不大，因为其本身的造型和图形就是设计师取之不尽的创意设计来源。大多数物质文化都曾是和古人日常生活息息相关的实物，作为设计师，要思考的是如何避免把它们从实用性物品变为视觉性物品，要让它们在现代生活中继续以日常用品的形式存在，让它们继续为人们的生活服务，自然而然地实现文化传承的目的。

三、传统非物质文化与文创产品设计

非物质文化主要是指那些非物质形态的、有艺术和历史价值的文化内容，是人类在社会历史实践过程中所创造的各种精神文化，如吉祥文化、传统工艺、节令民俗等。

（一）以吉祥文化为创意来源的文化创意产品设计

我国的吉祥文化源远流长，也和百姓的日常生活紧密相连。以共同的吉祥观为内涵，以传统民俗为形式，以传统民间工艺为手段，以吉祥物品、吉祥纹样、吉祥色彩为载体，共同组成了人们祈福纳祥的美好愿望。

从新石器时代陶器上的陶文"日"和"月"连成一圈组成的装饰纹案，到西安半坡遗址出土的新石器时代彩陶上的多种形式的人面鱼纹，展现了原始先民的吉祥观。之后，这种吉祥观影响着整个中华民族的风俗习惯。

1. 吉祥文化的驱动作用

在中国人的生活实践中，"吉"与"祥"这两个字就是一种情感驱动符号，驱使着消费者认同其所承载和附着的产品，从而让消费者愿意购买相关的文化创意产品，在情感上驱动其去感受产品中所包含的文化创意设计。在苏州桃花坞木刻年画中，最受消费者喜爱的产品是"一团和气"的年画。同"吉""祥"二字一样，"和"字也是吉祥文化元素中触动消费者情感的字。"和"代表着和气、和睦、和谐。古代思想家强调"以和为贵""和气致祥"，在古代"和合二仙"象征着幸福。吉祥文化不仅是其他传统文化推广的驱动力，而且是地域文化的活化剂，让具有差异性的地域文化借助吉祥文化重新融入人们的生活，进而促进地区文化创意产业的发展。

2. 基于吉祥文化的文化创意产品设计

我们要想基于吉祥文化进行文化创意产品的设计，就必须先了解其语义和表达方式，吉祥文化的内容是寄意于其他形象之中的。

寓意手法通常被归为三类：一是象征，如石榴只是一种植物，因为其籽很多，所以象征着多子；二是谐音，如以具象的"蝠"表示"福"；三是表号，它既是某种形象的简略化，也是一种约定俗成的象征性代号，如由八仙的八件法宝组合而成的图案称为"暗八仙"。因此，基于吉祥文化的文化创意产品设计首先要从吉祥的表达方式入手，再结合恰当的载体进行创意设计，才能准确地传播包含吉祥文化在内的传统文化。

3. 吉祥文化应用在文化创意产品设计中的思考

吉祥文化以各种形式体现在我们的生活中，但吉祥行为、吉祥物、吉祥图形三者之间并不是孤立存在的。它们彼此相融，以不同的形态与其他文化相融，以实物或虚拟的产品形式呈现在人们的生活中。

（二）以传统工艺为创意来源的文化创意产品设计

传统工艺指采用天然材料制作，具有鲜明的民族风格和地方特色的工艺种类和技艺。如潍坊的风筝、天津的泥人张彩塑、苏州的苏绣以及不能以地域来划分的剪纸、漆艺、陶瓷、扎染等，这些传统工艺是历史和文化底蕴的体现。

现在，设计师也需要为这些传统工艺寻找合适的载体进行创新设计，传承其所承载的历史与文化底蕴。不同的传统工艺类别也要考虑其所具有的特点，使其与实际生活和用户需求结合起来，通过创意设计激活其新的生命力。

1. 剪纸

作为非物质文化遗产之一的剪纸，是中华民族非常普及的民间工艺和装饰艺术形式。剪纸的生命力和形式随着时代的变迁而变化，越来越丰富的纸张种类和机器雕刻工艺的发展，使剪纸的形式和功能有了扩展。这是社会的需求，也是现代人们日常生活的需求，传统剪纸和传统民俗是息息相关的。任何一种艺术门类都不可能靠国家保护而得到传播，只有与社会需求进行结合才能历久弥新。

目前比较常见的以剪纸为主题的文化创意产品多围绕传统图形进行创作，以单层传统剪纸装饰画的形态呈现，装裱在各类镜框中。图形是大家喜闻乐见的传统图形，寓意吉祥，以大红色宣纸为材料，其传统性被保留得非常好。此外，借助机器完成剪纸工艺的纸雕灯也是文化创意产品中比较常见的类型，让剪纸工艺不再只依靠装饰性而存在，具有了实用价值。在多层剪纸装饰画后面加上液晶显示屏灯带，可使其成为具有实用功能的台灯。

对于剪纸这一历经千年的非物质文化遗产，还有更多创意形式可以应用在文化创意产品设计中，设计师可以运用其特有的魅力进行文化创意产品的设计，让更多的人了解剪纸艺术。

2. 漆艺

传统的漆艺产品主要以艺术品和工艺品的方式呈现。漆艺艺术品多针对高端市场，以艺术家个人风格为主体，但受众群体的审美与欣赏水平不同，决定了此类艺术品只能在小众群体内流行，数量与市场限制了漆艺文化的推广。以此为鉴，当漆艺运用在文化创意产品设计中时，就要摆脱纯装饰性的约束，融入人们的生活，尤其是年轻人的生活。让年轻消费者，即文化创意产品的主力消费群体了解和接受漆艺的独特魅力，从而实现漆艺文化的推广，也为传统漆艺产业的再次发展开辟新的方向。

设计师以漆艺为基础进行手机壳的创意设计，首先从十二花神中选取对应的花形进行图案设计；其次运用蛋壳镶嵌手法完成图案的制作，蛋壳的自然龟裂肌理富有亲切、朴素的美感，增加了漆艺的图案表现力；最后上透明漆。

3. 绞胎陶瓷

绞胎陶瓷是中国古代陶瓷装饰工艺中特殊的品种，由于工艺复杂，制作难度大，其产品类型和产量在很大程度上都受到了限制。

绞胎通常是用两种不同颜色的瓷土，像拧麻花一样将它们拧在一起制成新泥料，再拉坯成型，或切成片状，最后浇一层透明釉烧制而成。由于泥坯绞揉方式不同，纹理变化亦无穷。因此，运用绞胎工艺制作而成的产品存在一定的偶然因素，每一次的作品都是孤品，存在不可复制性。所以每次形成的纹样并不固定，有的像木材的年轮，有的像并列的羽毛，还有的像盛开的梅花等，这些精美的纹饰给人们以变化万千之感。

设计师以绞胎陶瓷和现代银饰相结合制作首饰，这两者的结合实现了传统绞胎陶瓷文化的传播，亦创新了传统绞胎陶瓷的设计与运用，使其以一种新的形态出现，让年轻人喜欢上它。每一件成品都要经过拉坯、打磨等几十道工序，充满着手作之美，最关键的是爱美的女性不用担心遇见和自己佩戴相同首饰的人。

严格来说，包含传统工艺的产品不一定就是文化创意产品，关键在于有没有对传统工艺的运用进行再设计。需要注意的是，创新并非标新立异、割裂传统，而是要在保证传统工艺的精髓和本质的前提下推陈出新。基于非物质文化进行设计的文化创意产品不局限于吉祥文化和传统工艺，与基于物质文化进行设计的文化创意产品相比较，它有着更广阔的形态创意空间，同时也增加了设计的难度，在大多数情况下没有一个原形态可以参考。因此，基于非物质文化进行设计的文化创意产品一定要抓住文化元素的精髓。

第六章　新媒体环境下辽宁文创产品
设计实践

第一节 辽宁文创产品设计概述

辽宁文创产品设计项目选择了暖手炉。暖手炉，又称"怀炉"，样式轻巧、亮丽造型让其在寒冷地带亦可正常使用，适用于在寒冷天气外出运动或是工作的人。宫廷风暖手炉在设计过程中，需要充分了解本项目的性质、实施方案、设计主题、项目要求、作业清单、相关安排、训练目的等相关内容，能够提前做好学习准备和设计实践所需工具与材料的准备，充分预估项目重难点和风险，为后期项目展开奠定基础。

通过学习文创产品设计的方法和流程相关理论知识，并融入真实项目进行文创产品设计实践，使学习者可以学以致用，在理论和方法的支撑下，通过设计推导顺利完成文创产品设计方案；同时形成举一反三的文创产品设计思维，形成设计实践、反思和改进的能力，达到文化创意产品设计岗位所需的创新设计职业核心能力，养成对文化的尊重和爱护意识；形成主动学习和提升个人文化素养的习惯。

第二节 辽宁文创产品设计调研

任何产品的设计与制作都是为了适应市场，赢得消费者，文创产业作为高附加值产业，无疑更需要重视市场调研这一环节。文创产品在生产投放市场前都需要对特定的消费人群进行调研。在调研时，要分析研究具体的消费对象，如是男性还是女性，是哪个年龄层次，以及其经济能力等因素。

文创产品的调研对于产品市场的开发有着重要的作用。设计师要从模糊的市场需求中把握方向，为开拓市场提供明确的目标。因此，设计师必须根据市场调查的结果不断实现产品的更新换代，利用科技进步所取得的成果适应社会生活发展的需要，并通过提高产品文化的内涵和艺术品位，提升产品的价值，从而创造出更高的产品附加值，满足人们审美和精神生活的需要，扩大市场的效应。

文创产品不同于一般的商品，它具有高度的文化性、艺术性和纪念性。为了能够在设计中抓住最具表现力的元素，就要通过市场调研获得各方面的信息，对政治、经济、历史、风俗、教育、文化、艺术及地理特征、自然景观和人文景观等方面的情况做系统的了解。

辽宁文创产品宫廷风暖手炉在市场调研中采取了问卷调查的方式，通过电话调研、面谈调研及购买商品时信息反馈调研等方式，了解暖手炉的需求人群。具体的调查问卷如下。

先生/女士：

您好！

我们是某某课题研究（辽宁文创产品设计开发）小组。为了能顺利设计出新的文创产品，我们希望通过这个调研获得您宝贵的意见，感谢您的配合，谢谢！

一、单选题

1.您的性别？（　）

A.男

B.女

2.您的年龄？（　）

A.21～30岁

B.31～50岁

C.51岁以上

3.您每年花费在文创产品中的费用是（　）

A.999元以下

B.1000～5000元

C.5001 元以上

二、多选题

1. 在以往的旅游活动中，您花费较多的是（　　）

A. 门票

B. 用餐

C. 交通

D. 住宿

E. 购买文创产品

F. 娱乐

2. 您购买文创产品的目的是（　　）

A. 自己纪念珍藏

B. 馈赠友人

C. 自己使用

3. 您购买时最注重文创产品的哪些因素？（　　）

A. 图案寓意

B. 工艺精良

C. 产品功能

D. 价格合理

E. 具有特色

4. 您在购买时更注重文创产品的哪些功能？（　　）

A. 实用性

B. 美观性

C. 收藏价值

D. 地域特性

5. 您比较喜欢哪种类型的文创产品？（　　）

A. 装饰摆件

B. 首饰挂件

C. 文化用品（钢笔、笔记本、书签等）

D. 生活用品（茶具、香炉）

E. 食品

F. 其他

6. 您更喜欢哪种材质的文创产品？（　）

A. 木制（包括藤编）

B. 金属（包括贵重金属）

C. 塑料

D. 陶瓷

E. 布艺

F. 其他

7. 您会为一个文创产品花多少钱？（　）

A.49 元以下

B.50 ～ 200 元

C.201 ～ 500 元

D.501 元以上

8. 您能接受的文创产品的体积有多大？（　）

A. 很小，最好做成挂坠的东西，不占地方

B. 一个手掌大小，携带方便

C. 大一点，看着豪气

D. 无所谓大小，只要形式好就会买

9. 您认为现在辽宁文创产品面临的主要问题是什么？（　）

A. 题材陈旧

B. 价格过高

C. 不够档次

D. 携带不便

E. 形式（载体）不够新颖

F. 缺乏地域特色

G. 其他

10.您还有什么其他建议？

第三节 辽宁传统文化元素提取

宫廷风暖手炉是根据皇城宫殿、亭塔建筑产生的设计灵感。在外观上，选用比较简约的配色，充分体现了对暖手炉的美观性和审美性；在功能上，突破传统的暖手炉的烟火设计，采用了发热管的设计，与亭中所支撑的柱子相结合，既不显突兀，又起到了发热取暖的作用；在底座上，设置可以通过手机软件使其充电的功能；从材质上，采用耐高温透明的材料包裹发热管和耐高温的金属的炉托，在保证美观的情况下更保证了安全。

第四节 辽宁文创产品设计尺寸图与效果图表现

运用手绘表现技法进行产品的草图表现与推敲，可以运用数位板或马克笔等方式进行草图绘制。要求有三：一是稿草图完成产品的基本形体设计；二是稿草图完成产品的色彩、结构、细节等内容表现；三是稿草图完成产品质感表现，故事板完成产品的故事场景设计。

一、辽宁文创产品设计尺寸图

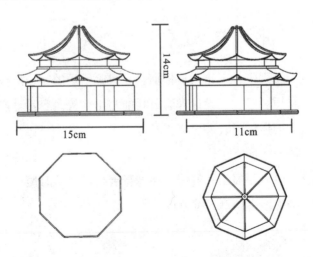

二、辽宁文创产品设计效果图

第五节 辽宁文创产品模型设计

第六节 辽宁文创产品发布

在产品发布过程中，工作人员根据宫廷风暖手炉的宣传海报，根据文创产品的外观、材质、尺寸、设计理念、功能与结构等内容设计产品的展板，通过方案汇报，增强汇报演讲与交流能力。

在完成了前面的所有工作后，工作人员还需要对所设计的宫廷风暖手炉进行展板编排，以方便展示和宣传。在进行展板设计的时候，工作人员要遵循表达清晰、准确传递信息、符合审美需求等原则。

参考文献

[1] 吕英飒. 中华优秀传统文化的创造性转化与创新性发展 [J]. 长春师范大学学报，2022，41（11）：183-186.

[2] 赵亚曦，刘晓婷. 关于中华优秀传统文化创造性转化与创新性发展的媒体传播实践与挑战 [J]. 国学学刊，2022（3）：1-12，138.

[3] 刘晓妮. 新媒体环境下优秀传统文化的对外传播创新探析 [J]. 文化创新比较研究，2022，6（19）：171-174.

[4] 彭翠. 中华传统文化的创造性转化与创新性发展刍议 [J]. 华夏传播研究，2022（1）：205-214.

[5] 葛爱冬. 中华优秀传统文化转化创新应把握的原则 [J]. 山东社会科学，2022（5）：174-179.

[6] 李舒，张寅. 创造性转化与创新性发展：中华优秀传统文化的时代方位 [J]. 中共青岛市委党校. 青岛行政学院学报，2022（1）：5-8.

[7] 李沁芳. 论中华优秀传统文化的创造性转化与创新性发展 [J]. 农村·农业·农民（B 版），2021（12）：50-52.

[8] 韩婉琦，杨皓月，胡红梅. 新媒体环境下传统文化的转化与创新 [J]. 内蒙古民族大学学报（社会科学版），2021，47（6）：116-120.

[9] 王丽霞. 中华优秀传统文化创造性转化和创新性发展路径探析 [J]. 山东社会科学，2021（11）：85-92.

[10] 吕超. 中华优秀传统文化创造性转化、创新性发展之哲学解读 [D]. 中央民族大学，2021.

[11] 陈念，郭竹. 中华优秀传统文化创造性转化与创新性发展的理路 [J]. 四川文理学院学报，2021，31（4）：52-57.

[12] 贾延儒，曾华锋. 传统文化创造性转化与创新性发展的三重逻辑 [J].

人民论坛·学术前沿，2021（12）：104-107.

[13] 陈妍君. 新媒体环境下传统文化的继承与创新——以湖州博物馆为例 [J]. 收藏与投资，2021，12（5）：125-127.

[14] 陈晓燕，侯赞华. 中华传统文化的创造性转化与创新性发展路径初探 [J]. 文化创新比较研究，2021，5（15）：21-24.

[15] 周美江. 中华优秀传统文化创造性转化和创新性发展理论意蕴研究 [D]. 东北师范大学，2021.

[16] 扎西巴毛. 中华传统文化创造性转化与创新性发展的研究综述 [J]. 国际公关，2021（4）：40-41.

[17] 宋安冉，李月梅，邢李. 新媒体环境下优秀传统文化教学模式创新——评《中华优秀传统文化与新时代高校青年学生文化自信》[J]. 中国高校科技，2021（3）：107.

[18] 李新潮. 中华传统文化"创造性转化、创新性发展"思想研究 [D]. 兰州大学，2021.

[19] 王鹏晓，刘友田. 中华传统文化创造性转化与创新性发展的三重审视 [J]. 中共南昌市委党校学报，2020，18（4）：31-34.

[20] 海娜. 中国传统文化的创造性转化与创新性发展探析 [J]. 兵团党校学报，2020（4）：80-84.

[21] 康鹏飞. 新媒体环境下中华优秀传统文化在高校的传承与创新 [J]. 青年与社会，2020（21）：192-193.

[22] 陈平. 中华传统文化的创造性转化与创新性发展的路径研究 [J]. 法制博览，2020（21）：237-238.

[23] 陈彦华. 中华优秀传统文化创造性转化与创新发展的三个维度 [J]. 现代职业教育，2020（9）：101-103.

[24] 赵雨晴，陈旭辉，张琳. 基于新媒体环境下对传统运河文化创新型发展的思考 [J]. 居舍，2020（6）：12.